Rémy Oudghiri

Déconnectez-vous

Comment rester soi-même
à l'ère de la connexion généralisée

arléa
16, rue de l'Odéon, 75006 Paris
www.arlea.fr

EAN 9782363080196

À Clara.

Se déconnecter : une idée séduisante

Dans quelques années, nos villes seront peut-être jalonnées de bornes de connexion. Celles-ci seront principalement destinées à recharger les batteries de nos véhicules électriques. On pourra également y recharger nos *smartphones*[1] ainsi que tous les autres petits appareils électroniques de compagnie qui ne nous quitteront plus. Les personnes âgées que nous serons majoritairement devenues trimbaleront avec elles de petits réfrigérateurs de poche pour conserver à l'abri leurs médicaments... À chaque coin de rue, la connexion sera facilitée. L'*homme connecté* sera devenu réalité.

Faisons un rêve. Imaginons qu'à côté de ces bornes électroniques des bornes de déconnexion soient également installées, où les humains s'arrêteront pour se reposer. Ce sera leur manière à eux de se « débrancher », une occasion, en

1. Le terme de *smartphone* est ici indifféremment utilisé pour désigner l'ensemble des téléphones possédant une connexion à internet. On utilisera parfois le terme de « téléphone intelligent ».

quelque sorte, de recharger leurs propres « batteries » naturelles. Ces bornes prendront peut-être la forme de petites maisons ou de mini-monastères au milieu des innombrables tours transparentes et high-tech qui accueilleront désormais la majeure partie de la planète. En ces lieux, le silence sera la règle. Un point commun les définira : ici nul n'entrera muni d'un appareil technologique. On les déposera ou on les éteindra avant d'entrer. Ces zones, Nietzsche les avait envisagées dès le XIXe siècle :

> *Il faudrait reconnaître un jour, et bientôt peut-être, ce qui manque à nos grandes villes : des endroits silencieux, spacieux et vastes pour la méditation, pourvus de hautes et longues galeries pour le mauvais temps et le temps trop ensoleillé, où le bruit des voitures et le cri des marchands ne pénétreraient pas, où une subtile convenance interdirait, même au prêtre, la prière à haute voix : des constructions et des promenades qui exprimeraient, par leur ensemble, ce que la méditation et l'éloignement du monde ont de sublime*[1].

Utopie ? Fantasme de philosophe ? Vaine chimère vouée à demeurer enfouie dans les livres ? Rien n'est moins sûr. Car si les possibilités de connexion à internet ne cessent de progresser dans le monde, le *désir de déconnexion* commence lui aussi à émerger. Dans les pays développés où une grande partie de la population est connectée à internet, ce désir est aujourd'hui perceptible. En France, 30 % des

1. Nietzsche, *Le Gai Savoir* (IV, 280).

internautes reconnaissaient en 2012 avoir *souvent envie de se déconnecter, d'éteindre leurs appareils technologiques*[1]. Aux États-Unis, il existe déjà des hôtels qui proposent à leurs visiteurs de se débarrasser à l'entrée de leurs téléphones, tablettes, ipods, et autres ordinateurs... Interdiction absolue de s'en servir durant toute la durée du séjour. La publicité de tels hôtels est formelle : *Après un tel week-end, vous serez à nouveau prêt à faire face au monde.*

Ces dernières années, les témoignages se sont multipliés. En Australie, c'est toute une famille qui a décidé de déconnecter le temps d'un hiver. Fini le temps où iphones, ordinateurs, consoles de jeux occupaient l'intégralité du temps passé à la maison[2]. À l'instigation de leur mère, trois adolescents ont renoncé à leurs appareils pendant plusieurs mois. Chacun est redevenu « humain ». Ils se sont parlé à nouveau, attablés pour les repas, bref ils se sont retrouvés. En Allemagne, c'est un jeune journaliste qui a transformé son expérience en best-seller en expérimentant les charmes et les difficultés de la vie *offline*[3]. Comment survivre sans internet ni téléphone portable ? Tel est le

1. Ipsos, Observatoire des modes de vie et de consommation des Français (vague 2012).

2. Susan Maushart, *The Winter of our Disconnect. How one Family pulled the Plug and lived to tell/text/tweet the tale*, Bantam Australia, 2010. *Pause*, Nil éditions, 2013.

3. Christoph Koch, *Ich bin dann mal offline*, Munich, Blanvalet, 2010.

défi auquel Christoph Koch s'est livré pendant un mois, réalisant ainsi le désir refoulé de dizaines de milliers de ses lecteurs. En France, c'est le bloggeur Thierry Crouzet qui, victime selon son propre aveu de *burn-out numérique* après des années d'addiction digitale, a passé six mois sans jamais se connecter à la toile. Le résultat de cette abstinence volontaire ? Une expérience à la fois douloureuse et joyeuse de retour à la vie réelle[1].

Observons aussi ce qui se passe dans les entreprises. On a beaucoup parlé de Volkswagen ces dernières années, et notamment de ses profits records... Les médias ont glosé à l'envi sur les bonus touchés par ses dirigeants ainsi que par l'ensemble de ses salariés. Ce qu'on a moins relevé, en revanche, c'est que, dans le même temps, la direction des ressources humaines du constructeur automobile allemand avait pris la décision de *déconnecter* de force plusieurs milliers de ses salariés. Mesure éminemment révélatrice : de dix-huit heures à sept heures du matin le lendemain, interdiction d'envoyer ou de recevoir un courriel. C'est bien simple, le serveur de l'entreprise retient tous les messages et les *BlackBerrys* du personnel n'ont d'autre choix que de rester silencieux toute la nuit. *Une fois terminée la journée de travail, les salariés doivent pouvoir utiliser leur temps de repos en tant que tel*, déclarent les représentants du personnel du plus grand constructeur allemand. Même évolution au Crédit suisse.

1. Thierry Crouzet, *J'ai débranché*, Fayard, 2011.

Là-bas aussi, on a obligé les cadres à se débrancher et à prendre deux semaines de congés. C'est que certains traders *workaholics* de la banque helvétique avaient fait quelques dégâts. Le repos, parfois, aide à se prémunir contre des décisions d'investissement hasardeuses et... coûteuses. Les syndicats ne sont pas en reste, et certains d'entre eux, comme la CFDT, demandent un *droit à la déconnexion. Se débrancher et se déconnecter est une question d'équilibre et de santé* affirme le syndicat[1].

Deon Meyer, auteur sud-africain de romans policiers, s'est fait construire une maison sans télévision et sans internet dans le désert du Karoo. *Nous vivons dans un monde*, explique cet ancien consultant en informatique, *où nous pouvons être partout, mais où il est paradoxalement de plus en plus difficile de dire : « j'ai été ici »*[2]. Comment vivre ici et maintenant sans être en permanence distraits par les flux d'information continus qui nous exilent dans un « non lieu » global et artificiel ? Habiter dans un espace déconnecté, c'est pour lui habiter *vraiment* le lieu dans lequel il a décidé de vivre.

Une évolution est encore plus symptomatique de cette inflexion des discours et des comportements : les réseaux sociaux invitent de plus en plus à se retrouver dans la vie « physique ». Les échanges virtuels ne suffisent plus. Les gens ont

1. Cité par Anne Chemin, *« Mal de mail »*, in *Le Monde*, 22 septembre 2012.
2. *Le Monde*, 17 février 2012.

envie de faire connaissance avec leurs pairs électroniques. Aux États-Unis on appelle cela la révolution de la *real life*[1].

L'actualité des dernières années n'est pas avare en exemples. On le verra, les enquêtes d'opinion aussi confirment l'envie croissante de temporiser dans une partie de la population. Quelque chose a vraiment changé. *Par rapport à internet, nombreux sont ceux qui ont perdu leur enthousiasme ces dernières années*[2], reconnaît le journaliste anglais Simon Reynolds. Après avoir célébré le triomphe du citoyen-consommateur à *l'âge de l'accès*[3], on évoque désormais l'époque de la *performance insignifiante*[4]. Les individus étaient censés avoir de plus en plus de pouvoirs sur la politique, l'économie, la consommation... Ils se retrouvent aujourd'hui avec dans les mains des machines ultra-performantes (tablettes, smartphones), mais cette toute-puissance ne donne pas pour autant plus de sens à leur vie. L'enthousiasme a faibli. L'heure du rééquilibrage a sonné. Plus lucides, les utilisateurs savent faire la part des choses entre l'essentiel et le gadget. Le climat de crise économique qui sévit depuis fin 2008 renforce le désir de prendre du recul.

1. Voir le chapitre IV.

2. Simon Reynolds, auteur de *Retromania*, dans les *Inrockuptibles*, 28 mars 2012, p. 63.

3. Jeremy Rifkin, *L'Âge de l'accès*, Fayard, 2000.

4. Fabio Merlini, *L'Époque de la performance insignifiante*, Cerf, 2011.

Retour en arrière ? Certainement pas. Il ne fait aucun doute que les nouvelles technologies sont appelées à se répandre encore davantage dans nos sociétés et à poursuivre la transformation de nos modes de vie. La généralisation du *smartphone* rend la connexion possible en tout lieu et à tout moment. Tout va très vite. Mais au-delà des progrès de la technologie, c'est la capacité à être citoyen à part entière qui fait de la course à la connexion un enjeu capital pour les années à venir. Le 21 janvier 2010, Hilary Clinton prononça un discours lors de l'internet Forum dans lequel elle déclara : *La liberté de se connecter est un droit de l'homme.* Les mots de la secrétaire d'État traduisaient pour la première fois ce qui, toute réflexion faite, passée la sensation provoquée par la formule spectaculaire, sonne comme une évidence. Dans de nombreux endroits du monde, ne pas être connecté empêche d'exercer pleinement ses droits de citoyen. Hilary Clinton ne faisait rien d'autre que prendre acte d'une réalité. De plus en plus de choses se passent *en ligne.* Les personnes privées de connexion n'ont pas et elles auront de moins en moins les moyens de suivre.

Ainsi est-il peu réaliste de penser que le grand mouvement de connexion va s'interrompre. Ou ralentir. Mais la connexion comporte des aspects négatifs évidents. Il faut revenir sur ses effets pervers et en comprendre les ressorts. Il faut surtout montrer le grand mouvement de déconnexion en train de se lever dans le monde et expliquer ses motivations. C'est un vieux rêve que celui de la « déconnexion ». Même si le terme paraît nouveau, le désir de temporiser et de faire un pas de côté est très ancien. De grands ancêtres en portent l'idée sous d'infinies variations. Il n'est pas inutile, en ces temps de connexion forcenée, de relire certains de ses illustres défenseurs. En vérité, chaque jour qui passe le confirme : il est temps de trouver un moyen de vivre à l'ère de la connexion généralisée sans sombrer dans l'addiction maladive qui frappe un certain nombre de nos contemporains. Comment rester soi-même tout en participant à ce monde ultra-connecté ? Ce sera l'objet de cet essai.

Le temps est venu d'apprendre à vivre avec les nouvelles technologies. Ce n'est ni la première ni la dernière fois que nous devrons faire un effort d'adaptation. En 1937, après l'instauration des congés payés par le Front Populaire, Paul Morand soulignait que, *le travail cessant, il va falloir que nous apprenions à nous reposer*[1]. Pour beaucoup de gens, prendre des vacances était une nouveauté. Morand soutenait que le repos est un art et qu'il faut en faire l'apprentissage. Aujourd'hui, avec l'avènement de l'internet mobile, il faut apprendre à nous déconnecter. Mais, de même qu'apprendre à *se reposer* dans

1. Paul Morand, *Éloge du repos*, Arléa, 1996, p. 14. Titre original : *Apprendre à se reposer* (1937).

l'esprit de Paul Morand ne remettait nullement en cause le fait de continuer à travailler, de même se déconnecter n'implique évidemment pas de renoncer à l'usage des nouvelles technologies. Ce dont nous avons besoin, c'est d'un équilibre. L'un des défis que nous aurons à relever dans les prochaines années, sous peine de vivre sous la menace permanente du *burn-out*, sera d'apprivoiser ces technologies. Il faudra faire en sorte que ce ne soit pas elles qui nous dirigent, mais bien nous qui les dirigions.

La connexion et ses effets pervers

L'ère de la connexion généralisée

Le désenchantement

Tout communique ! Peut-être vous souvenez-vous de cette phrase que prononce plusieurs fois, tout émerveillée, la femme du gros industriel dans *Mon oncle*, le film de Jacques Tati : *Tout communique !* Pendant ce temps, la grille de son pavillon ultra-moderne s'ouvre toute seule, la fontaine se met en route à distance, les appareils électroménagers semblent dotés de fonctions magiques... Bref, elle peut s'extasier, en effet : *C'est si pratique, tout communique !* Nous sommes alors en 1967. La technologie *dernier cri* incarne le fantasme de la France des Trente Glorieuses et de ses élites économiques triomphantes. Celles-ci ne jurent que par le progrès qui propulse la France en avant. *Vive la société de consommation !* lance au même moment le technocrate Jean Saint-Geours[1]. Tati, quant à lui, ne laisse rien ignorer de son véritable sentiment face

1. Jean Saint-Geours, *Vive la société de consommation*, Hachette, 1971.

à ce triomphal vacarme des machines. Bien loin de nous rapprocher, nous dit-il à travers ses films délicieusement singuliers, la modernité technologique nous sépare les uns des autres et nous enferme dans des maisons gadgets inhumaines.

Le même cri pourrait retentir aujourd'hui. Peut-être, cette fois-ci, dans le film que tournerait Jacques Tati, son personnage s'écrierait-il : *Tout est connecté !* Dans sa voix, on percevrait la même fascination, le même enchantement, la même soumission heureuse devant le pouvoir magique de la technologie. Aujourd'hui, à l'ère de l'internet mobile et du wifi, cette réaction apparaîtrait même, *a priori*, beaucoup plus appropriée que dans les années 1960.

Mais cela fait longtemps que l'auréole de progrès social qui accompagnait l'évolution des machines nous a quittés. La domination de la technologie, bien réelle, ne nous arrache plus les mêmes cris d'enthousiasme. C'est que le cauchemar grand-guignolesque de Jacques Tati est en train de se réaliser. *Tout communique*, en effet. On ne dira jamais assez le saut spectaculaire que nous sommes en train de vivre avec le développement accéléré de l'équipement en téléphones intelligents. *Tout communique*, oui, mais pour quoi faire ?

L'ampleur du phénomène de la connexion

Beaucoup l'ont déjà remarqué, vivre dans un monde où tout est connecté, c'est vivre constamment avec un fil à la patte. Cette idée de fil, nous la retrouvons dans l'étymologie du mot « connexion ». Celui-ci a pour origine le latin *conexus* (participe passé de *conectere*), composé de *cum* (avec) et de *nectere* (enlacer, nouer, lier). En vivant connectés, nous sommes désormais tous noués les uns avec les autres. Nous formons une grande chaîne à partir de laquelle à tout moment, chaque individu peut activer un lien avec un autre individu, quelque soit le lieu où il se trouve. Pourvu, bien entendu, que cette personne soit équipée du minimum vital – un smartphone, un ordinateur portable ou une tablette numérique.

Si la notion de *village global* remonte aux années 1960[1], c'est seulement depuis quelques années que nombre d'entre nous se retrouvent effectivement reliés à tout un chacun du matin au soir. S'il est impossible – et probablement vain – de prétendre dater exactement l'année du basculement, il s'est produit un événement particulièrement symbolique en 2011. Cette année-là, se sont vendus dans le monde plus de smartphones et de tablettes que d'ordinateurs fixes. Dans la grande bataille qui oppose les différentes technologies conçues pour connecter les individus à internet, les appareils mobiles ont pris un avantage décisif sur les appareils fixes.

1. Elle a été employée pour la première fois par Marshall McLuhan dans son livre *The medium is the message* en 1967.

Ce fait traduit une évolution aux effets considérables : avec les appareils mobiles, les possibilités de connexion se sont démultipliées. Plus besoin de se rendre dans un lieu spécifique pour avoir accès à internet. On peut le faire à n'importe quel moment et de n'importe où. Aucune contrainte n'empêche désormais l'envoi d'une vidéo que vous venez de filmer sur YouTube ou d'un message rédigé sur Twitter : vous pouvez le faire au beau milieu du désert, au fin fond d'une forêt ou dans une rue au hasard de votre itinéraire. Bref, en 2011, nous sommes définitivement entrés dans l'ère de la *connexion généralisée*.

C'est qu'avec l'émergence et l'essor de l'internet mobile une étape fondamentale a été franchie. Au premier semestre 2012, on dénombrait 6,2 milliards d'abonnements aux téléphones portables[1]. Parmi ceux-ci, 700 millions étaient des abonnements à des téléphones reliés à internet (smartphones). En France, 45 % de la population possédaient un smartphone en 2012, chiffre qui s'élevait à 60 % chez les 15-24 ans[2]. En 2012, les experts d'Ericsson prévoyaient que la planète compterait 3 milliards d'abonnements aux smartphones d'ici la fin de 2017. C'est vraisemblablement par cet intermédiaire que la connexion à internet finira par concerner la plupart des

1. Ericsson, deuxième rapport sur le trafic et les données du marché télécom, juin 2012. www.3dcommunication.fr/Ericsson

2. Université Paris-Dauphine et Médiamétrie, *Baromètre trimestriel de l'économie numérique*, juin 2012.

citoyens du monde. *Pour de nombreuses personnes dans le monde, le téléphone mobile sera dans les prochaines années le seul moyen d'accès à internet* notait le rapport d'Ericsson. Dans de nombreux pays d'Afrique, l'étape de l'ordinateur fixe, trop coûteuse, aura été ainsi sautée. D'ailleurs, dès 2013, selon les prédictions de Forester Research, cabinet américain spécialisé dans les nouvelles technologies, l'internet mobile aura détrôné l'internet fixe comme mode de connexion dominant dans le monde.

Au-delà des chiffres, lesquels se périment aujourd'hui à la vitesse de l'éclair, l'essentiel réside dans les changements que la possession de ces équipements introduit dans la vie des individus. Ils sont énormes.

L'irrésistible pouvoir des smartphones

Avec le développement de l'internet mobile, ceux qu'on appelle aujourd'hui les internautes sont appelés à devenir des « mobinautes », c'est-à-dire des internautes mobiles. Le déplacement ne sera plus pour eux un obstacle mais, le plus souvent, une occasion de se connecter. Quant aux outils mobiles de connexion à internet que les « mobinautes » utiliseront en priorité, il y a fort à parier que le téléphone leur apparaîtra comme l'instrument le plus pratique pour la vie quotidienne, même si les tablettes, de leur côté, séduiront un nombre toujours plus grand d'individus attirés par leur esthétique, leur maniabilité et leurs possibilités créatives. De fait, de plus en plus de gestes de la vie quotidienne se font déjà et se feront avec le téléphone.

Une des fonctions les plus populaires des smartphones aujourd'hui consiste à *trouver* : trouver son chemin, trouver une information, trouver un lieu, retrouver un ami, etc. La géolocalisation fait ainsi partie des applications plébiscitées par les usagers. Parmi celles qui sont apparues ces dernières années, on peut citer *Tube Exit*, qui permet de savoir quel wagon du métro londonien choisir pour être proche de la sortie ou *Next Buses*, qui nous permet de connaître l'horaire du prochain bus en fonction de l'arrêt où l'on se trouve. À terme, n'importe quel lieu pourra être géolocalisé. Des applications telles que *The CorePower Yoga App* nous permettent de trouver un cours de yoga sur notre itinéraire et *Toilet finder* est très pratique pour détecter les toilettes les plus proches. Trouver, c'est détenir le bon renseignement au moment où l'on en a besoin : l'histoire d'un monument, la réputation d'un restaurant, une recette de cuisine, la date de naissance d'une personnalité... Ce n'est pas un hasard si Google fait partie des applications les plus téléchargées par les détenteurs de smartphones. Non seulement elle est gratuite, mais elle permet de rechercher rapidement une information.

Une autre fonction appelée à un large succès réside dans l'usage du téléphone comme moyen d'*identifier une personne.* De plus en plus d'individus utilisent leur téléphone pour s'enregistrer à l'aéroport ou dans une gare. C'est une petite révolution. Ainsi, vous n'avez plus besoin de vous préoccuper d'avoir à retrouver les tickets qui traînent dans un coin de l'appartement ou dans une poche de votre veste. Votre téléphone suffira. Il suffira également pour entrer dans un musée ou assister à un spectacle. D'une manière générale, il nous rendra la vie plus facile. Démonstration : la plupart d'entre nous transportons dans nos portefeuilles des dizaines de cartes de fidélité. Il sera de plus en plus facile de s'en passer. Le téléphone nous servira aussi pour nous enregistrer à notre passage en caisse et collecter des points de fidélité. Sur le plan pratique, il s'agit là d'une simplification remarquable de toute une série de gestes de la vie quotidienne. Et cette simplification, on la doit à la connexion. Dans un proche avenir, le téléphone deviendra notre carte d'identité, notre passeport, notre permis de conduire, notre badge d'entrée dans l'entreprise. Dans ces conditions, on peut faire le pari que perdre son téléphone sera vécu comme une véritable amputation.

Mais ce n'est pas fini. On achètera aussi beaucoup avec son téléphone. Au-delà de l'achat classique, déjà généralisé sur internet (acheter des vêtements, des chaussures, du matériel électronique, de la musique...), l'achat de proximité va se développer dans les zones que nous traversons. Le téléphone nous indiquera les magasins aux offres les plus intéressantes ou les restaurants les moins chers. Nombreux seront ceux qui, comme ce jeune Britannique, pourront dire avec enthousiasme :

> *Ces dix dernières années, je suis allé au restaurant plus que jamais. Et j'ai notamment sur mon iphone l'application Voucher Cloud, qui repère où vous êtes et vous indique les restaurants alentours où l'on peut avoir des prix réduits. Je suis donc allé régulièrement chez les Italiens Zizi ou Pizza Express, car ils sont souvent à moitié prix*[1].

Dans le métro ou aux arrêts de bus, vous pourrez faire vos courses en utilisant votre téléphone. Sur les murs du métro, des photos reproduiront des linéaires de supermarché, et pendant l'attente du prochain train, vous n'aurez qu'à sélectionner les produits qui vous intéressent grâce à la fonction *flashcode* de votre téléphone. Une fois votre commande enregistrée, elle sera envoyée à une centrale chargée d'acheminer chez vous, à l'horaire choisi, l'ensemble de votre « panier d'achats ». La connexion vous aura épargné de longues minutes d'attente aux caisses à un moment où vous auriez préféré faire quelque chose de plus intéressant.

Enfin, une autre fonction se développera : divertir. Dans le métro, le téléphone est déjà devenu pour un nombre non négligeable d'usagers un compagnon précieux pour tuer le temps... Combien ont pris l'habitude de faire des réussites entre deux stations ? Combien ont

1. Témoignage cité dans le rapport Trend Observer 2012 (Ipsos).

téléchargé des jeux sur leur smartphone pour s'évader de l'atmosphère parfois oppressante qui règne à certaines heures dans le RER ? Des milliers, des dizaines de milliers sans doute... Le succès d'une application comme Instagram, désignée en 2011 « application de l'année » par Apple, montre qu'une des façons de se divertir passe aujourd'hui aussi par le partage. Cette application permet de modifier l'image d'une photo que l'on a prise, d'y mettre des filtres pour la rendre plus esthétique ou plus amusante, et de partager ses propres photographies avec son réseau d'amis. Créé fin 2010, le service a conquis son premier million d'utilisateurs en trois mois, le million suivant en six semaines. De plus en plus, filmer et monter soi-même un petit film qui se retrouvera en quelques clics sur YouTube, à la vue du monde entier, est un loisir prisé.

Bref, l'internet mobile est en train de développer un attirail impressionnant de possibilités pour celui qui marche dans la rue. Il faut l'imaginer, cet individu, déployant une activité digne d'un habitant du futur par ce simple fait : *il est connecté*. Bien des choses qu'il avait l'habitude de faire chez lui, il pourra les faire *on the road*.

L'homme connecté

Nous sommes donc connectés en permanence et nos téléphones ne cessent de s'enrichir en nouvelles possibilités, pratiques ou ludiques.

Jean-Claude Guillebaud résume bien ce qui nous arrive : *Le principe de connexion* devient *constitutif de l'air du temps*[1]. Pour ceux qui l'analysent depuis longtemps, c'est une évidence. La connexion devient une *façon d'être* selon la psychologue Sherry Turkle, qui a étudié pendant trente ans l'impact de la technologie dans la vie des Américains. Ses travaux montrent que la connexion modifie notre rapport à nous-mêmes, aux autres, et au monde[2]. Surtout, celle-ci apparaît de plus en plus comme une condition de notre bien-être personnel. Jean-Claude Guillebaud observe : *La connexion au sens large, c'est-à-dire immédiate et diversifiée, devient nécessaire à qui souhaite réaliser son « épanouissement personnel »*[3]. Loin de n'être qu'un instrument destiné à nous faciliter la vie, le téléphone est aujourd'hui une extension de nous-mêmes. Il fait de nous des êtres « connectés ». Et cette connexion est en train de devenir indispensable à notre équilibre personnel. Du moins le croyons-nous. Car, en nous rendant dépendants d'elle, elle engendre une série de conséquences qui nous font perdre le contact avec la réalité[4].

1. Jean-Claude Guillebaud, *La Vie vivante. Contre les nouveaux pudibonds*, Les Arènes, 2011, p. 31.

2. Sherry Turkle, *Alone together. Why we expect more from Technology and less from each other*, New York, Basic Books, 2011.

3. Jean-Claude Guillebaud, *op. cit.*, p. 37.

4. Nous n'étudierons pas dans cet essai les effets des téléphones sur la santé, mais les changements dans les façons de vivre telles que les personnes interrogées peuvent les rapporter dans les enquêtes d'opinion.

Une addiction contemporaine

La scène a été imaginée par le chercheur américain Ian Bogost, professeur à Georgia Tech. Le jour viendra, selon lui, où, comme les fumeurs, les personnes accros aux BlackBerrys ou à l'iphone seront obligées de sortir des lieux publics pour assouvir leur besoin pressant[1]. Dans les aéroports, imagine-t-il sérieusement, ils auront leur espace réservé, séparé de la foule par des vitres transparentes. Et lors d'un dîner, c'est en s'excusant avec un air coupable qu'ils se lèveront de table. Ian Bogost évoque le chiffre de cinquante ans d'ici à ce que cette scène se réalise. Au rythme où vont les choses, peut-être attendrons-nous moins longtemps...

Dans son article, Ian Bogost fait la liste des symptômes qu'un détenteur de BlackBerry a toutes les chances d'avoir connus. L'un d'entre eux se distingue par son caractère particulièrement addictif : se lever à deux heures du matin pour vérifier ses emails... L'habitude est vite

1. Ian Bogost, *The cigarette of this century*, in *The Atlantic*, juin 2012.

prise : on jette un coup d'œil rapide le matin en se levant, puis on recommence au cours du trajet vers son lieu de travail, puis au déjeuner, puis au dîner. Et ainsi de suite. Le mouvement est sans fin. Il suffit aujourd'hui de prendre le bus ou le métro pour se rendre compte *de visu* de cette nouvelle habitude. En voiture également, il existe des solutions pour rester connecté. Ainsi, pour les automobilistes les plus dépendants, le constructeur allemand BMW a imaginé une voiture qui lit les mails pendant que vous conduisez et vous permet, via un outil de reconnaissance vocal, d'envoyer des courriels en les dictant sans perdre un seul instant le contrôle du volant[1]. De cette façon, vous n'êtes jamais déconnecté.

Vérifier à chaque instant ses mails, ou ses messages sur Facebook, ou son compte Twitter, ou les trois : Ian Bogost compare ces nouvelles habitudes sociales à celle de la cigarette. À la grande époque de la gloire du tabac, dans les années 1950-1960, tout le monde (ou presque) fumait. C'est du moins l'impression que l'on a aujourd'hui quand on regarde un film de ces années-là. *Le BlackBerry a engendré le tic social le plus visible depuis la cigarette* affirme Ian Bogost. Selon lui, le smartphone partage avec le tabac la même ambivalence : répugnant et dangereux d'un côté, cool et chic de l'autre.

1. Il s'agit du concept *BMW Vision Connected Drive*.

La technologie s'est emparée de notre intimité

Cette addiction se lit dans les chiffres des nombreuses enquêtes disponibles sur les usages des technologies. À vrai dire, le besoin de se connecter est devenu pour certains si pressant qu'il n'existe plus de frontières pour le satisfaire. Aucun lieu aujourd'hui n'échappe au désir de connexion. Pas même le plus intime d'entre eux : le lit.

Dans l'imaginaire de la plupart des gens, rien n'incarne mieux l'idée d'intimité que cet endroit du repos suprême, ultime dépositaire de nos rêves et de nos fantasmes. Et pourtant ! Une enquête réalisée par Ipsos en février 2011 auprès des 16-65 ans ne laisse guère place au doute. Le lit est devenu un « lit connecté ». 45 % des personnes interrogées y téléphonent et 40 % y envoient des SMS. Ces deux chiffres s'élèvent respectivement à 68 % et 71 % si l'on se concentre sur les moins de trente-cinq ans. Ces derniers sont d'ailleurs 35 % à y envoyer des mails ou à y jouer à des jeux (sur console, téléphone ou internet). Mais s'il n'y avait que le lit... Plus aucun lieu n'échappe désormais à la lame de fond de l'hyperconnexion. Ainsi, la même enquête fournit d'autres statistiques tout aussi fascinantes. Au moment des repas, par exemple, le besoin de connexion ne s'interrompt pas. Ainsi 42 % des jeunes reconnaissent envoyer des SMS tout en mangeant, tandis que 35 % d'entre eux téléphonent. On pourrait ainsi se rendre dans tous les lieux et visiter chaque pièce de la maison. Devant la télévision, les moins de trente-cinq ans sont 65 % à téléphoner, 71 % à envoyer des SMS, 53 % à envoyer des mails ou 42 % à consulter leur compte Facebook ! Les toilettes ne sont pas négligées, puisque 43 % y lisent ou y envoient des SMS. Même quand ils sont en présence des autres, certains ressentent ce besoin d'être connectés. Sur leurs lieux de sortie, quand ils sont avec d'autres gens (bars, cafés, restaurants...), 63 % des moins de trente-cinq ans envoient des SMS et 53 % téléphonent. Il faut imaginer ces chiffres avec une population équipée majoritairement de smartphones. Nul doute qu'ils seront amplifiés dans un proche avenir.

Le téléphone portable est donc devenu, pour certains, un objet intime qui les suit partout. Il apparaît chaque jour plus difficile de s'en séparer, même pour dormir. L'enquête Ipsos révèle que 49 % des Français âgés de dix-huit à soixante-cinq ans dorment avec un téléphone portable à côté de leur lit ou dans leur lit (72 % des moins de trente-cinq ans). Détail hautement symbolique : 11 % des femmes de dix-huit à trente-quatre ans dorment avec leur téléphone portable *dans* leur lit ! Ces dernières ont atteint un stade de dépendance telle qu'elles ne peuvent plus s'en séparer un seul instant. Des entretiens avec des personnes concernées par cette curieuse habitude en ont révélé un des motifs : cela les rassure de le savoir auprès d'elles. En cas d'urgence, elles ont en effet besoin de pouvoir mettre la main immédiatement sur leur téléphone.

Dans la rue, à l'intérieur des métros ou des bus, au bureau, à la cantine, dans les cafés, nos contemporains vivent désormais la tête penchée, les yeux occupés à déchiffrer les signes qui s'inscrivent sur les écrans qu'ils transportent avec eux. Parfois, une pensée nous titille : et si les machines nous avaient hypnotisés ? Un ami de la psychologue Sherry Turkle le dit à sa façon : *Ce ne sont pas nous qui faisons nos emails ; ce sont nos emails qui nous font*[1]. C'est indéniable : l'hyperconnexion donne parfois l'impression de nous tenir sous son emprise au moyen de sa profusion permanente de messages.

L'ampleur de la dépendance

Sherry Turkle cite le cas de ce jeune homme qui sombrait dans le spleen faute d'avoir reçu un SMS plusieurs heures d'affilée. Une étude réalisée pour la Foire de Paris en mars 2012 montre que 19 % des Français ressentent *beaucoup* de joie quand ils reçoivent un texto tandis que 48 % en ressentent *un peu.* Plus d'un tiers des moins de vingt-cinq ans disent ressentir *beaucoup de joie*[2].

1. « *We don't do our e-mail ; our e-mail does us* », in Sherry Turkle, *op. cit.*, p. 279.

2. Enquête Ipsos réalisée en ligne du 29 février au 7 mars 2012 auprès d'un échantillon de mille personnes, représentatif de la population française âgée de seize ans et plus.

Une douce dépendance s'est installée qui gouverne nos humeurs. Avoir un fil à la patte, c'est aussi cela : ressentir des émotions qui varient au gré des connexions. Une émotivité qui ne s'arrête jamais, car les flux de messages eux-mêmes ne connaissent pas le repos : nous sommes connectés du matin, dès notre réveil, jusqu'au soir, au seuil de notre sommeil.

Les individus concernés sont-ils conscients de leur dépendance ? Oui, et les chiffres sont légions dans ce domaine. Ainsi 63 % des lycéens français avouent en 2012 : *Sans mon téléphone portable, je me sens perdu*[1]. Même si les plus âgés sont beaucoup moins nombreux à l'avouer (22 % des plus de cinquante ans dans la même étude), il est à parier que leur proportion va grandir avec la diffusion des smartphones. C'est que le téléphone relié à internet a une fonction sécurisante. Ainsi, dans le livre de Sherry Turkle, un homme de cinquante-deux ans avoue : *Je ne me sépare jamais de mon téléphone portable. C'est ma protection*[2].

Une erreur souvent commise aujourd'hui consiste à croire que seule une partie de la population, les plus jeunes, désignés comme *digital natives* ou « génération Y » seraient accros aux technologies, et à internet en particulier. Il n'en

1. Ipsos, Observatoire des modes de vie et de consommation, vague 2012 (juillet).
2. Sherry Turkle, *Alone Together*, *op. cit.*, p. 280.

est rien. Ce sont les Français dans leur ensemble, dès lors qu'ils sont internautes, qui connaissent rapidement le besoin irrépressible de se connecter à internet. En 2012, 68 % des internautes français déclarent : *J'ai vraiment besoin de me connecter à internet au moins une fois par jour.* Les différences entre les plus jeunes et les plus âgés existent, mais elles ne sont pas flagrantes.

Derrière cet enthousiasme, il y a bien sûr des aspects positifs. Internet a permis d'alléger sensiblement les contraintes qui pèsent sur nous. Nous gagnons en temps, en autonomie, en information. Des renseignements d'une grande richesse sont accessibles sur la toile sur à peu près tous les sujets. Même si l'abondance est parfois un obstacle à la connaissance, sur de nombreux aspects pratiques de la vie, internet apporte des réponses ou des débuts de solution. 65 % des Français interrogés en 2012 considèrent que les nouvelles technologies leur *simplifient la vie.* Après avoir rechigné devant certains progrès techniques, ceux-ci se sont convertis en masse aux nouvelles pratiques numériques. Pour le meilleur et pour le pire.

De fait, la dynamique de la connexion généralisée engendre également une série de comportements qui nuisent à l'équilibre des individus. Le monde de la connexion généralisée ne présente pas que des avantages. Il a même tendance, dans certaines circonstances, à fragiliser le lien social.

La perte du moment présent

Eckhart Tolle a écrit un livre pour inciter ses contemporains à se concentrer sur le moment présent[1]. Pour lui, c'est une évidence, les gens sont aujourd'hui malheureux car ils ne savent pas profiter du présent. Son message a l'avantage de la simplicité : libérez-vous du poids du passé, nous recommande-t-il, et cessez de vous projeter dans un avenir hypothétique ! Reprenez le contrôle sur la seule unité temporelle dont vous pouvez vraiment disposer et jouir : votre présent. Vivez votre vie *ici et maintenant* ! L'écho rencontré par ce livre (plus de dix millions d'exemplaires vendus à travers le monde depuis sa sortie en 1999) est le signe que le moment présent a aujourd'hui acquis une valeur clé dans nos sociétés. Une des raisons à cela est bien sûr liée à la peur de l'avenir qui incite nos contemporains à profiter de la vie aujourd'hui, convaincus que demain ne nous réserve rien de bien positif. Mais une autre raison à ce succès est que notre vie nous échappe. Nous sommes de plus

1. Eckhart Tolle, *Le Pouvoir du moment présent. Guide d'éveil spirituel*, Ariane Editions Inc, repris dans la collection « Bien-Être » de J'ai Lu, 2000.

en plus nombreux à avoir le sentiment de perdre le contrôle de notre existence, ou du moins d'une partie de celle-ci. Par exemple, nous sommes distraits de plus en plus fréquemment. Nous sentons que nous ne sommes pas vraiment là dans les situations où nous devrions être pleinement présents. Derrière ce sentiment de perte du moment présent, notre usage des technologies semble exercer une influence déterminante.

La frustration du manque de temps

Nous avons tous à l'esprit l'image du *nerd*, cet adolescent rivé jour et nuit à sa console, voué corps et âme à sa passion dévorante pour le jeu. Mais est-il aujourd'hui le seul prisonnier de cette addiction ? Car c'est un fait, la technologie nous prend du temps, beaucoup de temps. Parfois, ce temps permet d'économiser du temps, et nous pouvons ainsi nous consacrer à des activités plus intéressantes. Mais la réalité, c'est qu'en nous libérant de certaines tâches il augmente notre productivité, et le temps ainsi rendu disponible est consacré à faire d'autres choses pour être encore plus efficace et aller encore plus vite. D'où ce paradoxe énoncé par le philosophe allemand Harmut Rosa : *Nous n'avons pas le temps, alors même que nous en gagnons toujours plus*[1].

1. Harmut Rosa, *Accélération. Une critique sociale du temps*, La Découverte, 2010, p. 7.

Au cours de la décennie 2000-2010, les enquêtes d'opinion se sont multipliées à ce sujet. Toutes confirment le paradoxe énoncé par l'auteur d'*Accélération*. Les personnes interrogées ont de plus en plus l'impression de manquer de temps.

Ce paradoxe permet de comprendre pourquoi des applications destinées à restreindre l'accès aux réseaux sociaux ont fini par apparaître sur la toile. Leur objectif est simple : permettre de ne plus perdre de temps à répondre à des messages qui perturbent le travail. *Les médias sociaux, c'est l'obligation de répondre à des messages, et ainsi de suite. Savoir qu'il y a un bourdonnement social permanent en arrière-plan nous pousse vers ces sites et nous éloigne de notre travail*, explique dans le *New Scientist* Fred Stutzman[1], qui a créé *Freedom et Anti-Social*, un ensemble d'applications payantes permettant de bloquer sa connexion internet ou de limiter l'accès aux réseaux sociaux. Le problème que ces applications sont censées résoudre porte désormais un nom, celui de *sommation*. *La sommation est le fait d'être constamment sollicité par des personnes qui nous commandent de répondre à une stimulation* (Antonio Casili, sociologue, cité dans l'article de Fred Stutzman). Il est donc possible aujourd'hui de payer pour retrouver un peu de temps et de liberté.

Sur la toile, les témoignages de personnes souhaitant retrouver un peu d'oxygène face à

1. *Les Inrockuptibles*, 20 juin 2012.

l'invasion technologique sont de plus en plus nombreux. Celui de la bloggeuse américaine Rebecca Traister, qui se décrit elle-même comme une *accro aux technologies*, est éloquent. Elle affirme avoir téléchargé l'application *Freedom* pour se « libérer » :

> *J'ai voulu quelque chose de puissant sur mon ordinateur et au-delà de mon champ d'intervention personnelle. Je voulais mettre fin aux bips, aux bourdonnements, aux sonneries, aux lumières clignotantes, ces distractions de notre époque technologique, pour que je puisse enfin me mettre au boulot*[1].

Ce que révèlent ces évolutions, c'est l'incapacité croissante chez certains à maîtriser leur rapport aux communications électroniques, en particulier celles émanant des réseaux sociaux comme Facebook. Elles les empêchent de mener à bien les obligations de la vie réelle. La vie professionnelle est désormais constamment envahie par la vie privée et inversement. Pour l'individu contemporain, cette situation est de plus en plus fréquente. Quand il est au bureau ou dans un contexte professionnel, il est constamment sollicité par les messages provenant des médias sociaux auxquels il est inscrit. Quand il est hors du contexte professionnel, il est constamment rattrapé par l'actualité du bureau ou de son activité via son téléphone portable. Dans les deux

1. *« Stop the Internet, I want to get off! »*, in *Salon*, 1er avril 2009 (www.salon.com).

cas, il est obligé de se dédoubler pour faire face à une prolifération permanente et incontrôlée. Résultat : il finit par manquer de temps aussi bien dans sa vie professionnelle que dans sa vie privée. Il a perdu le contrôle des limites. Désormais, sa vie fait penser à une chambre que l'on ne parvient jamais à ranger car elle ne cesse de se remplir de nouveaux objets. À aucun moment il ne parvient à se « poser ». Il ne vit plus dans le moment présent. Il vit dans un flux qui l'emporte à l'infini.

Ironie de l'histoire : au début de l'ère numérique, vivre dans un flux permanent était considéré comme une attitude positive. Chacun était invité à devenir un « surfeur du net ». On s'ouvrait ainsi à une profusion d'opportunités et d'aventures. Telle était la promesse enchantée des débuts d'internet. Aujourd'hui les choses ont changé. Le flux n'est plus vécu comme une libération, mais comme une contrainte. Le flux empêche chacun de maîtriser sa vie, ou du moins d'avoir le sentiment de la maîtriser un peu. Le flux engendre du stress et nous rend de moins en moins présents aux autres.

Quand l'inattention devient une seconde nature

Au-delà du temps perdu, qui empiète sur notre temps de travail ou sur nos moments de loisir, l'inattention se développe et devient un symptôme de plus en plus cité par les personnes interrogées dans les enquêtes. Voici un témoignage typique, d'un jeune Suédois, recueilli en 2010 par les équipes d'Ipsos dans le cadre de l'étude Trend Observer. Le jeune homme parle de l'usage qui est fait des smartphones dans son entourage :

C'est une énorme distraction [les smartphones] qui tend à nous déconcentrer par rapport au présent, ici et maintenant. Vos pensées sont ailleurs tout le temps. J'ai remarqué chez les gens que je croise qu'ils ont des difficultés à être présents et à le rester sans se mettre à faire des plans sur l'avenir ou à évoquer le passé[1].

Les gens dont parle le jeune Suédois sont là physiquement. Du moins, vous pouvez penser qu'ils sont là, face à vous. Mais en réalité leurs pensées sont ailleurs. Ils ne sont qu'en apparence avec vous. Ils ne sont pas dans le temps présent. Ils ne vivent pas avec vous. Ils sont distraits par autre chose. Cette expérience évidemment ne se limite pas à la Suède... Elle est monnaie courante. Personne n'y échappe. Voici par exemple ce que rapporte le politologue Dominique Reynié à propos des hommes politiques français qu'il rencontre régulièrement :

Les acteurs politiques se sont mis en situation de préférer toute réunion à tout moment de lecture. Quand ils veulent des notes, c'est deux pages maximum. Quand on commence à leur expliquer quelque chose, au bout de trois minutes ils sont sur leurs portables à regarder leurs

1. Ipsos, Trend Observer, 2011.

messages. Ils enchaînent les rendez-vous, galopent en permanence. Dans des temps agités comme les nôtres, ils devraient au contraire se poser[1].

Avec la diffusion de l'internet mobile, l'inattention devient une seconde nature. La première conséquence est déjà visible : les personnes ne sont plus avec vous. Il leur faut un instant de « réadaptation » avant de vous rejoindre dans le présent. Une autre conséquence, selon certains observateurs, est que notre rapport à la culture devient superficiel. Distraits en permanence, nous finissons par ne plus être capables de nous concentrer. Nous perdons le goût des choses difficiles. Nous passons notre temps à surfer, en restant sur la crête de la vague plutôt que de nous risquer à plonger dans la profondeur mystérieuse de l'océan…

« *Internet rend stupide* »

Cette représentation de nous-mêmes en surfeurs plutôt qu'en adeptes des profondeurs, nous la devons au journaliste américain Nicholas Carr. De la montée en puissance de la superficialité, il a fait un article (*Est-ce que Google nous rend stupide ?* paru dans le mensuel américain *Atlantic Monthly*), puis, devant l'énorme intérêt suscité par celui-ci, il a poursuivi ses réflexions

1. *Le Monde*, 28 avril 2012.

dans un livre au titre provocateur : *Internet rend-il bête*[1] ? Chaque fois, il se prend lui-même comme exemple. Il y a encore quelques années, confesse-t-il, il n'éprouvait aucun problème pour commencer et terminer un livre. Mais cette faculté s'est détériorée peu à peu et, un beau jour, il a dû en faire l'amer constat : il n'était plus capable de se concentrer au-delà de quelques pages.

> *Auparavant, je trouvais facile de me plonger dans un livre ou dans un long article. Mon esprit était pris dans les rebondissements du récit ou dans les articulations de la discussion et je passais des heures à arpenter de longs passages en prose. Ce n'est plus que rarement le cas aujourd'hui. Maintenant, ma concentration se met à dériver au bout d'une page ou deux*[2].

Était-ce l'annonce de la vieillesse et le début du déclin intellectuel ? Nicholas Carr a rapidement écarté cette hypothèse. La vérité, selon lui, c'est qu'il était en train de vivre à son échelle un tournant culturel majeur. Rien de moins ! Une cause fondamentale : notre usage croissant d'internet, et une conséquence : un manque de plus en plus évident de concentration.

Nicholas Carr soutient que l'usage d'internet a transformé notre capacité d'attention. Depuis que nous avons recours à internet à haute dose, nous parvenons de moins en moins à nous

1. Nicholas Carr, *Internet rend-il bête ? Réapprendre à lire et à penser dans un monde fragmenté*, Robert Laffont, 2010.
2. *Ibid.*, p. 23.

concentrer. En changeant nos habitudes, internet change nos façons de penser. Ce que Marshall McLuhan, rappelle Nicholas Carr, avait clairement perçu : *Chaque fois que l'on utilise un outil pour avoir un plus grand contrôle sur le monde extérieur, on modifie sa relation avec ce monde.* Mais en amplifiant notre champ d'action, internet engourdit du même coup certaines de nos facultés.

Qu'est-il arrivé ? Tout se passe comme si notre mode de pensée avait « muté » sous l'effet du langage et des codes propres au Web. Il est passé d'un mode de lecture linéaire à un mode de lecture « décousu », « délinéarisé ». La pratique de l'hyperlien et de la digression permanente s'est substituée à l'effort de concentration continu. Nicholas Carr expose les résultats de plusieurs recherches scientifiques montrant que les gens ont une meilleure mémoire et font preuve d'une plus grande capacité d'attention quand ils ne sont pas exposés à une grande masse d'informations continue.

Mais la mémoire et la concentration ne sont pas seules en cause. Notre capacité d'initiative est affaiblie par le recours croissant aux ordinateurs. Nicholas Carr expose d'autres recherches montrant que plus on s'en remet à la machine et moins on est capable de résoudre des problèmes imprévus :

> *Quand nous déléguons au numérique une partie du travail de réflexion, il y a bien des chances que nous*

réduisions notre propre puissance de réflexion de façon minime mais bien réelle[1].

Les expériences menées par des psychologues révèlent que les personnes moins assistées par les machines ont une capacité plus grande à trouver des solutions en cas de dysfonctionnement. En définitive, ce que les ordinateurs nous apportent d'un côté (une formidable capacité de calcul), ils nous le retirent de l'autre : nous sommes de moins en moins capables de calculer nous-mêmes. Cette remarque vaut aussi bien pour le calcul que pour la mémoire, la réflexion, l'attention, etc.

La fuite en avant

Dépendants des machines, nous perdons peu à peu notre autonomie. De plus en plus, nous nous laissons emporter par le flux. À quoi bon s'inquiéter puisque les ordinateurs sont chaque jour plus performants ? Nicholas Carr résume ainsi cette évolution : *Au lieu d'agir d'après ce que l'on sait et en suivant son intuition, on suit le mouvement.* De fait, en abdiquant notre indépendance au profit de la puissance numérique, nous fuyons nos responsabilités. Avec une compensation : en nous en remettant au « mouvement », nous bénéficions de l'ivresse propre à ce qui bouge en

1. *Ibid.*, p. 297.

permanence. Plus « ça » bouge, plus nous ressentons des émotions positives. C'est ce que Pierre-André Taguieff a appelé le *bougisme.* D'où la tentation chez certains d'accélérer le mouvement. On pourrait les appeler les *bougistes.* Pour eux, il faut que ça bouge tout le temps et de plus en plus vite. Les recherches de Nicole Aubert sur l'urgence[1] ont bien mis en valeur le plaisir qu'il y a à être pris dans un mouvement qui s'intensifie. Certains des cadres supérieurs qu'elle a interrogés lui ont confié leur amour de la vitesse. Ils n'ont eu aucune peine à admettre que non seulement ils vivaient *à 200 à l'heure*, mais qu'ils recherchaient avidement cet état d'urgence. C'est qu'ainsi, dans ce mouvement incessant, observent-ils avec une imparable lucidité, *on ne voit pas la mort arriver*[2]. Pour eux, les nouvelles technologies constituent une aubaine. Avec la connexion permanente et généralisée, ils ne s'arrêtent jamais. Ils sont dans le mouvement, et celui-ci leur procure des sensations aussi fortes qu'inédites.

Cette intensité, Nicole Aubert en a d'ailleurs fait un trait caractéristique de la personnalité de ce qu'elle désigne, avec d'autres, comme *l'individu hypermoderne.* L'individu hypermoderne ne veut jamais s'arrêter. Inconsciemment, ce qu'il recherche, c'est l'oubli de soi :

1. Nicole Aubert, *Le Culte de l'urgence. La société malade du temps*, Flammarion, 2003.
2. *Ibid.*, p. 332.

La vie à 200 à l'heure, le débordement, l'agitation, le maelström permanent, l'inondation du quotidien, l'intensité de l'instant sont autant de façons de conjurer la mort, de se soustraire à l'angoisse qu'elle suscite en sourdine, de « ne pas la voir arriver ».

Pour ces *bougistes* absolus, le but de la connexion est d'intensifier l'instant présent, de le rendre tellement présent que tout est oublié et, en particulier, la tragédie de la mort. Au fond, nos contemporains utilisent les machines pour courir. En n'arrêtant jamais de courir, ils oublient qu'ils vont mourir. Ou qu'ils sont déjà morts... C'est ce que Tolstoï disait déjà, au XIXe siècle, des *bougistes* de son temps. Ainsi, dans la célèbre *Sonate à Kreutzer*, le narrateur s'étonnait :

Un homme peut vivre cent ans à la ville sans s'apercevoir qu'il est depuis longtemps mort et tombé en pourriture. On n'a jamais le temps de faire son examen de conscience, tout est occupé. Les affaires, les rapports sociaux, la santé, les arts, les maladies des enfants, leur éducation[1].

On le voit, nos individus hypermodernes étaient en germe dans le monde décrit par Tolstoï...

1. Tolstoï, *La Sonate à Kreutzer*, Gallimard, « Folio », p. 168.

L'oubli de l'humain

Une autre conséquence de l'addiction aux technologies, c'est qu'on ne remarque plus la présence d'autrui. Les autres ont littéralement disparu de notre champ de vision. À la vérité, nous sommes trop absorbés par nos machines. Nous envoyons des photos sur Facebook pour les partager avec d'autres personnes, nous échangeons des messages avec des individus habitant très loin ou très près de chez nous, et nous oublions du même coup que nous vivons *dans le monde*, nous aussi. Nous négligeons les êtres humains qui vivent à proximité de nous. Symptôme révélateur : une étude menée par l'université de l'Ohio a montré que près d'un millier de piétons avaient fréquenté le service des urgences de New York en 2008 à la suite d'un choc dû au fait qu'ils téléphonaient ou envoyaient des textos tout en marchant dans la rue. Les auteurs de l'étude indiquaient que ce chiffre avait doublé depuis 2006. Ces blessés d'un nouveau genre se trouvaient dans la rue, mais ils ne regardaient plus autour d'eux. Ils avaient oublié que le monde continuait à tourner.

Cet « oubli » de l'humain se traduit aujourd'hui par deux aspects frappants. D'une part, nous passons de moins en moins de temps les uns avec les autres. Et nous commençons non seulement à le constater mais également à le regretter. D'autre part, le temps que nous passons connectés prend de plus en plus une tournure marchande et commerciale. Ce n'est plus à des humains que nous nous adressons, en définitive, mais à des clients.

Moins de temps passé ensemble

Les Français qui se connectent à internet de façon croissante sont conscients que le temps passé sur la toile est un temps dérobé à la rencontre et à l'échange. En 2012, 71 % d'entre eux reconnaissaient qu'*avec les nouvelles technologies, les gens passent moins de temps ensemble*[1]. Ils étaient déjà 60 % à penser la même chose en 2006. Constat aussi amer que réaliste : la technologie est chronophage. En outre, même quand nous croyons être en compagnie des autres, nous ne sommes plus sûrs de passer ce temps ensemble. Le témoignage de ce jeune Britannique interrogé en 2010 montre l'absurdité de certaines situations devenues désormais monnaie courante :

1. Ipsos, Observatoire des modes de vie et de consommation, 2012.

Ça arrive même au pub : quelqu'un vérifie son iphone et tout à coup, tout le monde s'isole dans son iWorld, ça coupe court aux conversations.

Étrange situation : nous sommes en train de partager un moment avec nos amis, mais les machines que nous portons avec nous ont vite fait de mettre un terme à cette expérience humaine. Très vite, les conversations cessent, et nous nous retranchons derrière nos technologies.

Un dessin paru dans le magazine allemand *Stern*, en décembre 2010, montrait tous les membres d'une famille, père, mère, grand-père, grand-mère, frère et sœur, occupés à filmer ou photographier les premiers pas du nouveau-né de la famille. Chacun était muni d'un appareil et tous se tenaient autour du petit. Ils ne vivaient pas le moment avec l'enfant, ils étaient absorbés par leurs machines. Ils n'étaient pas vraiment avec lui ; ils étaient déjà en train d'imaginer l'étape d'après – les futurs albums photos, le mur de Facebook, etc.

Cette nouvelle façon d'être avec les autres, Sherry Turkle en a fait un thème central de son livre *Alone Together*. Ses recherches montrent que nous sommes de plus en plus *seuls ensemble*. Comme le jeune Britannique qui se rend au pub avec ses amis, nous sommes ensemble, mais seulement en surface. En réalité, chacun vit une vie parallèle, soucieux de répondre aux messages qui, autour de lui, tissent une toile virtuelle aussi infinie qu'inextricable. Dès qu'une occasion se présente, il semble que nous sautions dessus, comme si nous attendions un prétexte pour nous retirer de la conversation « vivante ». Ces évolutions conduisent à nous interroger : serions-nous devenus allergiques au contact humain ? Et si l'humain dérangeait certains d'entre nous ? C'est une des hypothèses que formule Sherry Turkle dans son livre. Selon elle, certaines personnes préfèrent s'en remettre à la technologie et aux robots pour éviter le contact humain. Ces personnes, réfractaires à la confrontation physique avec l'autre, « se dissimuleraient » derrière leurs écrans fixes ou mobiles et privilégieraient les messages aux relations face à face. Quels seraient leurs motifs au juste ? Les témoignages recueillis montrent que certains éviteraient ainsi la déception toujours possible quand on a affaire à des êtres de chair et d'os. Dans une conversation « réelle », ces derniers peuvent se laisser emporter par leurs émotions. Ils peuvent réagir de façon imprévue, créant ainsi une situation embarrassante. Comment se comporter alors ? Quelle posture adopter ? En revanche, avec la machine, rien de tel ne peut arriver. On garde le contrôle. On décide du moment où l'on s'exprime. On choisit les bons mots. Si les choses s'enveniment, on est en mesure de temporiser. L'émotion est maîtrisée. Au fond, quand on échange des messages à distance, dans le silence du monde virtuel, on ne se trouve plus sous le projecteur intimidant de la conversation. Pour Sherry Turkle, cette stratégie d'évitement est un phénomène nouveau appelé à se développer. La société future pourrait ainsi se caractériser par une fuite croissante du contact physique au profit d'une virtualisation des rapports entre les individus.

La marchandisation des rapports humains

Il y a une autre façon d'oublier l'humain. C'est quand la relation humaine ne tient que par le côté marchand. L'accès à internet, qui était censé ressembler à une aventure de la liberté à travers les autoroutes de l'information, est en train de se convertir en marché, où ce qui compte le plus est notre statut de « client ». Internet nous incite en effet à nous transformer en consommateurs opportunistes. Chaque connexion peut devenir un moyen de gratification personnelle. Pour l'obtenir, il suffit d'être attentif aux occasions qui se présentent à nous sans arrêt.

Tout se passe comme si le concept des « ventes privées » sur internet était devenu le modèle de ce que l'on attend de nous quand nous sommes connectés. À leur sujet, rappelons que, depuis leur apparition en ligne à la fin des années 1990, elles font le bonheur de ceux qui recherchent les bonnes affaires. Cette méthode de vente où, en moyenne, les articles proposés le sont à moins 50 % de leur prix d'origine en boutique, présente des caractéristiques originales : les ventes se déroulent à un moment précis de la journée et sur une durée limitée. Elles ne concernent qu'un nombre restreint d'unités par articles. Tout l'enjeu consiste à être au rendez-vous et faire partie des premiers à se décider. Entre le moment de l'annonce et la clôture de la vente, il peut parfois s'écouler une heure seulement. Gare à celui qui se connecte trop tard. Il passera peut-être à côté de l'affaire de sa vie.

Au cours de la décennie écoulée, la multiplication des ventes privées a transformé le net en magasin infini. Leur évolution a suivi celle du monde de l'internet. Il est donc naturel qu'une partie croissante d'entre elles se fassent aujourd'hui avec les téléphones portables. Aux États-Unis, la société Gilt.com se vante d'avoir bâti son succès spectaculaire en *donnant rendez-vous* aux consommateurs[1]. *Nous avons éduqué nos clients à faire du shopping par rendez-vous. Nous avons tout bâti sur cette habitude. Aujourd'hui, nous sommes dans leurs téléphones. Nous sommes dans leurs ipads*, proclamait Alexandra Wilkis Wilson, cofondatrice du site, en 2010.

Une grande partie des « bons coups » se passe aujourd'hui en ligne. Avoir accès à des avant-premières d'expositions ou de concerts, par exemple, implique souvent de pouvoir se connecter. Parfois, bonnes affaires et exclusivités

1. Le chiffre d'affaire de Gilt.com était de vingt-cinq millions de dollars en 2008. Deux ans plus tard, il s'élevait à quatre cent-cinquante millions !

vont de pair. C'est le cas avec les défilés des grandes marques. Le champion du luxe britannique Burberry fait ainsi de chacun de ses défilés un événement accessible à tous : retransmissions en direct dans ses magasins, son site et plusieurs plateformes internet, ainsi que sur les écrans publicitaires géants de Piccadilly Circus. Une messagerie instantanée permet de recevoir très rapidement des informations sur le produit et de le commander. Un nombre croissant de marques de mode organisent des défilés qu'elles retransmettent en direct sur Facebook. Les personnes connectées au moment du défilé peuvent commander les articles ou participer à des jeux ou tirages au sort. Tout est conçu pour dramatiser l'événement. L'objectif est toujours le même : faire en sorte de vous transformer en clients impatients et opportunistes. Les merveilles que l'on vous promet ne sont pas en nombre illimité. Seuls les plus malins ou les plus rapides seront servis *in fine*.

Les opérations de *check-in* qui se multiplient aux États-Unis ne sont possibles que lorsque nous sommes connectés. Leur principe est simple. Dès que vous passez dans certains lieux, vous accumulez des points de fidélité susceptibles d'être transformés en réductions sonnantes et trébuchantes sur votre consommation (dans un café) ou vos acquisitions (dans un magasin de vêtements). Pour cela, il vous suffit de posséder un smartphone dont les informations vont se synchroniser avec celles de bornes électroniques installées dans les lieux qui proposent ce type de programme. Des enseignes telles que Starbucks ou McDonald's ont déjà expérimenté cette méthode commerciale. Le but qu'elles poursuivent est d'augmenter le trafic dans leurs restaurants, notamment ceux qui peinent à attirer les foules. La connexion est à nouveau employée à des fins commerciales. Les individus se rendent dans les magasins pour accumuler des points. Certains d'entre eux achètent immédiatement, d'autres reviennent plus tard. L'affaire est prometteuse.

Le développement de telles pratiques crée une mentalité opportuniste. Le message est : ne rien rater des milliers d'opportunités offertes. Le sésame est la connexion. Où que nous soyons, si nous sommes connectés, il y a toujours une occasion qui nous attend.

Considéré sous cet angle, internet multiplie les liens intéressés. Ce n'est plus l'envie d'échanger ou l'appétit de découverte qui sont stimulés, mais notre rationalité d'*homo economicus*, préoccupé de rendement et de profitabilité.

Même dans le domaine de la culture, on retrouve cet état d'esprit mercantile. En 2011, Amazon a ainsi lancé une initiative qui a chagriné Pierre Assouline. Ses responsables ont demandé à leurs clients de scanner avec leur téléphone portable le code-barres d'un livre. Mais pas n'importe lequel : celui qu'ils souhaitaient acheter. Ce faisant, ils pouvaient constater que l'offre en ligne était moins chère que dans la librairie où ils se trouvaient. En envoyant cette information à Amazon, ils pouvaient bénéficier d'un rabais supplémentaire[1]. Paradis de la connexion ! Âge d'or des opportunistes ! De son côté, Pierre Assouline considérait en revanche cette démarche cynique et arrogante.

L'internet a ainsi évolué d'un modèle informatif à un modèle opportuniste. Jean-Claude Guillebaud regrette lui aussi une telle évolution :

> *La logique qui gouverne le capitalisme numérique, celle de l'immatériel, est assurément pourvoyeuse de fluidité, de profusion et de confort opérationnel. Elle n'en constitue pas moins un système attrape-tout qui favorise la marchandisation générale des réalités humaines. Quand la connexion prend la figure d'un bien de première nécessité ; quand l'accès aux réseaux prend le pas, même partiellement, sur l'envie de possession, alors le virtuel tarifé tend à l'emporter sur la vie vivante, c'est-à-dire non marchande. La vie elle-même devient, par le truchement de la brevetabilité du vivant, un* objet de commerce[2].

1. Pierre Assouline, *George Whitman and Company*, *Le Monde*, 23 décembre 2011.

2. Jean-Claude Guillebaud, *op. cit.*, p. 42.

La disparition du sens

Perte de temps, distraction, oubli des autres... Le monde de la connexion généralisée nous connecte et nous déconnecte simultanément. Nous sommes à la fois *avec* les autres et *sans* les autres. Il y a de quoi s'interroger sur ce paradoxe, car c'est sans doute un des aspects les plus troublants du monde de la connexion généralisée. Ce qui, en définitive, se trouve mis en cause dans ces situations paradoxales, c'est notre capacité à produire du sens. Nos machines nous connectent partout et de plus en plus rapidement, mais sommes-nous toujours certains de ce que ce progrès nous apporte ? Pour le philosophe Fabio Merlini, nous avons gagné en puissance ce que nous avons perdu en sens. Notre époque se caractériserait en effet par ce qu'il appelle la *performance insignifiante* :

> *Nous sommes entourés d'instruments extrêmement raffinés : machines rapides, précises, performantes, mais également esthétiques, agréables au toucher, invitant à l'usage.* [...] *Nous disposons d'une immense capacité opérationnelle.* [...] *Pourtant, quelque chose ne fonctionne pas. Cette toute-puissance opérativité que nous avons*

entre les mains nous apparaît comme toujours plus pauvre en sens. Nous avons du mal à la transformer en un élément producteur de signification pour notre vie[1].

Cette *performance insignifiante*, Jacques Tati l'avait déjà mise en scène dans ses films. Dans *Playtime*, il avait magistralement montré que l'individu moderne ne parvenait pas à trouver sa place dans un monde où les machines avaient remplacé les hommes. La subtilité (et la drôlerie) de Tati, c'est qu'il soulignait que l'homme ne trouvait pas sa place aussi bien dans un monde où les machines fonctionnaient que dans un monde où elles ne fonctionnaient pas. Dans les deux cas, comme le notait Alberto Moravia[2], ces appareils *de toute façon, ne sont pas faits pour lui.*

Fabio Merlini ne va pas jusqu'à défendre une position aussi extrême que celle de l'auteur des *Vacances de monsieur Hulot*, mais il s'interroge sur les bénéfices réels des progrès techniques. Les moyens technologiques dont nous disposons sont d'une très grande efficacité, rappelle-t-il. Mais cette efficacité ne produit pas de sens. Ou, plus exactement, elle engendre un décalage entre la puissance manifeste de la machine et le ressenti intérieur des individus. Nous allons plus vite, nous faisons tout plus vite, mais nous ne sommes pas sûrs, nous sommes de moins en moins sûrs que cette accélération nous apporte une vie plus « sensée ».

1. Fabio Merlini, *op. cit.*
2. *Trente Ans au cinéma*, Flammarion, 1975, p. 96.

À quoi tient ce sentiment que le sens est absent – et qu'il est même de plus en plus absent ? Fabio Merlini suggère qu'il a ses origines dans un tic qui consiste à consulter sans arrêt notre téléphone comme si quelque chose d'essentiel devait survenir à tout moment. Ce tic a fait de nous des êtres mécaniques, obsessionnels. Comme des pantins dont les mouvements seraient téléguidés par un mécanisme aussi mystérieux qu'anonyme, nous perdons le sens de ce que nous faisons. Nous agissons par réflexe.

Le plus souvent, nous sommes plongés dans un activisme qui a perdu sa motivation fondamentale. Celui-ci devient compulsif, frénétique, autoréférentiel[1].

Et, de fait : combien sommes-nous à consulter notre téléphone plusieurs fois par jour sans raison précise ?

Les individus rivés à leurs téléphones finissent par se replier sur eux-mêmes. Ils adoptent des comportements de pure réaction. Leur expérience devient *ponctuelle, omnivore et dépourvue de linéarité*[2]. Ils sont enfermés dans une temporalité qui ne fait plus sens, incapables de se projeter dans une histoire avec son passé, son présent et son futur. Pour Fabio Merlini, les « moyens » ont pris le dessus sur les fins. Il cite Jean-Luc Nancy dans *Le Sens du monde* en 1993 :

1. Fabio Merlini, *op. cit.*, p. 13.
2. *Ibid.*, p. 186.

La disparition de l'horizon des fins, son absorption par les moyens, engendre chez les sujets un vide qui les expose à l'abandon du sens[1].

Cet abandon du sens, on le retrouve dans plusieurs exemples cités par Nicole Aubert. Certains des managers qu'elle a interrogés ne parviennent plus à donner du sens à leur travail car ils se disent soumis à la tyrannie de l'urgence.

Aujourd'hui, on ne peut plus se retourner sur le travail fait, on ne peut plus regarder que devant, impossible de regarder derrière[2].

Ceux que décrit Nicole Aubert se sentent *dépossédés* du sens de leur travail. Ils passent leur temps à courir comme des fantoches, marionnettes sans cerveau, exécutants sans finalité. Pour Nicole Aubert, nous vivons une mutation profonde de notre rapport au temps. Au temps long a succédé le temps court, temps de l'immédiateté, de l'accélération, de l'intensité, autant de manifestations du capitalisme financier contemporain. Cette transformation de notre rapport au temps est une crise vécue par les acteurs comme un effondrement du sens. Si la principale cause est à rechercher dans la mondialisation économique et financière des années 1980, il ne fait aucun doute que la diffusion des nouvelles technologies a renforcé cette mutation, et l'a amplifiée. Aujourd'hui, la

1. *Ibid.*, pp. 184-185.
2. Nicole Aubert, *op. cit.*

mondialisation se fait au rythme des progrès de la connexion. Le monde de la connexion généralisée est un espace international et sans frontières. L'urgence financière n'existerait pas sans les ordinateurs ultra-rapides. L'ère de la connexion généralisée est un paradis pour les flux immatériels transfrontaliers. Mais, pour les individus, elle est en train de prendre une direction contraire et ils en subissent les effets pervers.

Éteindre la petite lumière rouge

En résumé, l'hyperconnexion nous empêche de nous projeter vers l'avant. Sollicités sans répit, nous vivons dans une frénésie permanente qui ne nous permet pas de prendre du recul. Nous sommes en quelque sorte rivés au présent, mais un présent que nous ne vivons pas, celui de la petite lumière rouge qui, sur le BlackBerry, signale une nouvelle connexion. À quoi peut bien ressembler le présent d'un mécanisme artificiel ?

Se déconnecter, dans ces conditions, devient une tentation de tous les instants. Se déconnecter, dans ce contexte, peut apparaître comme une solution : comme le désir de remettre de la vie dans un monde où le principe d'efficacité a tout envahi.

Déconnectez-vous !
Naissance d'un mouvement

Le terme « déconnecter » est d'un usage récent en français. Selon le dictionnaire historique de la langue française (Robert), il a été introduit en 1943, emprunté à l'anglais *to disconnect.* Depuis 1968, il est employé au sens figuré de « séparé » dont procède, dans le langage à la mode, l'emploi de *déconnecté* pour « qui n'est pas au courant, pas dans le coup ».

Et si ne pas « être dans le coup », justement, devenait à la mode ? Le succès de la culture *vintage* ou le renouveau du vinyle montrent à l'envi que rien n'est jamais durablement démodé, et que les objets ou les pratiques du passé peuvent se parer de charmes nouveaux aux yeux des générations actuelles. La technologie numérique, en se banalisant, a certes simplifié le quotidien d'innombrables personnes, mais elle a perdu en chemin sa capacité à faire rêver. Son ambivalence apparaît aujourd'hui au grand jour, comme l'a montré le premier chapitre. Et si le temps de la déconnexion était arrivé ?

Cette question n'est paradoxale qu'en apparence. Depuis plusieurs années, en effet, on entend ici et là de plus en plus de voix appelant à prendre de la distance vis-à-vis des nouvelles technologies. C'est un mouvement d'idées diffus, fédérant des personnes ou des groupes aux motivations diverses mais convergentes. Un authentique *désir de déconnexion* est en train d'émerger. Avec la montée en puissance irrésistible de l'internet mobile, ce désir a toutes les chances de durer et de se développer.

Ce « mouvement » auquel il est ici fait allusion ne lutte pas « contre » le principe de la connexion. Il ne milite pas pour un retour en arrière, ni pour un monde sans technologie. Car, personne n'en doute une seule seconde, les technologies vont continuer à se diffuser, et rien n'est véritablement en mesure de s'y opposer. Mais l'hégémonie technologique actuelle réduit la qualité de vie d'une fraction croissante de la population. Cette réduction est de plus en plus visible. Et un nombre croissant d'individus cherchent à rétablir une position d'équilibre. Le mouvement en faveur de la déconnexion est un mouvement visant à reprendre le contrôle d'usages excessifs de la technologie. C'est un mouvement qui veut défendre un certain nombre de principes au cœur de l'expérience humaine. Il ne rejette pas en bloc les dernières évolutions du monde électronique.

Comme les premiers signes de ce mouvement ont déjà émergé, il est dès à présent possible de tenter un inventaire des formes du désir de déconnexion tel qu'il apparaît dans plusieurs pays du monde. Dans les pages qui suivent, nous allons dresser une typologie des différents comportements de déconnexion tels qu'ils se manifestent aujourd'hui. Car il y a bien différentes façons de se déconnecter, de la plus évidente mais pas toujours la plus facile (débrancher temporairement son téléphone, éviter internet) à la plus radicale (tout quitter, rompre avec le mode de vie dominant) en passant par le désir de ralentir le *tempo*, ou de s'octroyer des moments de pure oisiveté. Considérés dans leur ensemble, on peut dire de ces différents comportements ou aspirations qu'ils dessinent la carte des *envies de déconnexion* de nos contemporains.

Débrancher : la nouvelle tendance

Faire une pause : une aspiration croissante

Depuis la fin de la décennie 2000-2010, les témoignages exprimant l'envie de se déconnecter sont de plus en plus fréquents. Les personnes interrogées dans les enquêtes n'hésitent plus désormais à dire leur désir de prendre du recul en « coupant » momentanément le courant. Chose frappante : une grande partie de ces personnes sont souvent technophiles. À lire leur curriculum vitae, vous les imaginez aisément faire la queue de longues heures devant les magasins Apple afin d'être parmi les premiers à acquérir le dernier modèle de l'iphone ou de l'ipad. Ce sont pourtant ces mêmes personnes qui, aujourd'hui, éprouvent le plus le besoin de prendre de la distance.

Voici un extrait très représentatif de cette sensibilité, qui émerge à la fin de la décennie. Il est tiré d'un entretien réalisé en 2010 avec une trentenaire new-yorkaise qui s'intéresse de près à la mode et à la création contemporaine :

Couper mon téléphone m'a aidée car il m'a permis d'être dans ma vie au lieu d'écouter d'une oreille mon téléphone et d'une autre les gens avec lesquels je suis dans une pièce. Aller en vacances aussi m'a aidée... Aller chez le chiropracteur... Débrancher et être présente m'aident à me sentir mieux[1].

Cette jeune Américaine technophile rêve de « débrancher ». Quand elle évoque le geste de « débrancher », on voit bien qu'il ne s'agit pas seulement de renoncer temporairement à son téléphone. Derrière l'envie de déconnecter, elle voudrait être davantage présente aux autres et ne plus faire les choses à moitié. Elle aimerait aussi avoir le temps de faire une pause : partir, se changer les idées, souffler. Échapper, au moins temporairement, aux affres de la vie connectée.

L'impact de la messagerie électronique sur le stress

C'est que vivre connecté en permanence est un facteur de stress. De plus en plus d'études confirment ce dont beaucoup de salariés font l'expérience quotidiennement sur leur lieu de travail. L'enquête publiée en mai 2012 par l'université d'Irvine (Californie) montre le rôle déterminant que jouent les emails dans le développement du stress en entreprise[2]. Dans cette

1. Ipsos, enquête Trend Observer, 2011.

2. University of California, Irvine, *A Pace not dictated by Electrons : an empirical Study of Work without email*, mai 2012 (http://today.uci.edu/news/2012/05/nr_email_120503.html).

étude, les chercheurs ont observé et analysé l'évolution de deux groupes de travailleurs au sein d'une même entreprise. Aux membres de l'un des groupes, ils ont demandé de ne plus consulter leurs emails pendant cinq jours, l'autre groupe conservant ses habitudes électroniques. Comparés à ceux qui continuaient de recevoir et d'envoyer des emails, il est apparu que les membres du groupe « déconnecté » consacraient plus de temps à leur travail. Leur capacité de concentration était supérieure et leur efficacité meilleure. En outre, les niveaux de stress mesurés dans les deux groupes étaient nettement plus bas chez ceux qui ne recevaient pas d'emails.

De ces résultats, les chercheurs concluaient que les personnes qui ne regardent pas régulièrement leurs emails au travail sont moins stressées et plus efficaces que les autres. En conclusion, l'étude recommandait aux entreprises de fixer des périodes de *congés* pour les emails. Selon les chercheurs, les responsables d'entreprises doivent faire en sorte que leurs employés cessent de vérifier leurs emails toutes les dix minutes. Non seulement cette mesure aurait des effets positifs sur leur santé, mais elle constituerait également une bonne façon d'accroître leur efficacité.

Les recherches de Leslie Perlow, professeure à l'université Harvard, donnent les mêmes résultats. Sa série de tests et d'expériences au sein du Boston Consulting Group, cabinet de conseil international, laisse penser qu'il devient nécessaire d'octroyer des périodes de déconnexion électronique hebdomadaires aux salariés des entreprises. La chercheuse avait demandé aux membres de chaque équipe de consultants du cabinet de faire en sorte que chacun pût profiter d'un temps de déconnexion chaque semaine. Pendant une demi-journée, chacun devait pouvoir se consacrer à son travail sans être interrompu par des communications électroniques. Elle a ensuite mesuré l'effet de ces changements d'organisation sur l'état d'esprit des salariés. Les résultats des tests sont comparables à ceux obtenus par l'enquête de l'université Irvine. Des indicateurs tels que le niveau de satisfaction au travail ou la perception de l'atmosphère générale dans l'entreprise se sont nettement améliorés[1]. Les salariés ayant fait l'expérience de cette coupure éprouvent une augmentation de leur sentiment de bien-être. La déconnexion, dès lors qu'elle est anticipée et planifiée, apparaît sous cet angle comme un progrès en termes d'organisation du travail humain.

La prise de conscience des télécoms

N'y voyez pas une contradiction, ni le simple résultat de la tournure ironique que prend parfois l'Histoire, mais les premiers à l'avoir bien compris sont les professionnels de la vie connectée : les spécialistes des télécoms.

1. Leslie Perlow, *Sleeping with your smartphone*, Harvard Business Review, 2012.

De fait, les opérateurs de téléphonie ont préféré prendre les devants en montrant qu'ils étaient conscients des phénomènes d'addiction que leur activité engendre dans certaines circonstances. Parmi leurs initiatives les plus symptomatiques figurent plusieurs films publicitaires, qui mettent en scène des phénomènes d'addiction téléphonique et visent à alerter le public sur les dangers d'une connexion permanente. Microsoft, par exemple, pour vanter la fonction « déconnexion » de son Windows Phone, a adopté un ton humoristique. Le film montre les déboires d'une dizaine d'individus incapables de quitter une seconde des yeux leur téléphone. Les scènes sont amusantes, comme celle de la mariée qui continue à envoyer des textos en pleine cérémonie du mariage. Une autre séquence met en scène un homme consultant son téléphone aux toilettes et laissant maladroitement tomber son appareil sur le sol. Un plongeur occupé à répondre à un message sur son smartphone ne voit pas le requin qui s'apprête à lui manger les pieds. Les mésaventures racontent toutes la même histoire : de nos jours, les gens ne vivent plus dans la vraie vie, ils sont devenus accros à leur téléphone. Ce faisant, ils ne font plus l'amour, ils ne sont plus concentrés sur leur travail, ils mettent la vie des autres en danger, ils ne s'occupent plus de leurs enfants... En une minute, la messe est dite. Slogan final : *Il est temps qu'un téléphone nous délivre de nos téléphones.*

Sur une idée similaire, l'opérateur thaïlandais Dtac s'est montré plus lyrique. La première partie de son film *Disconnect to connect* met en scène des individus fascinés eux-aussi par leur téléphone. Autour d'eux, le téléspectateur voit que d'autres personnes sont présentes, mais elles sont invisibles. On devine leur présence grâce aux mouvements des objets qu'elles utilisent : des crayons, le volant d'une voiture... En tout cas, les personnages principaux (ceux que l'on voit à l'écran) ne les voient pas. Leur téléphone les accapare. La technologie a effacé le monde. Dans la deuxième partie du film, les individus finissent par poser leur téléphone et, tout à coup – miracle ! la lumière revient, un arc-en-ciel apparaît dans le ciel, et les visages humains disparus resurgissent. Avoir déconnecté son téléphone a rendu l'usager à la « vie vivante » : le monde concret, celui des couleurs, des formes, des sons. La musique du film, entraînante et joyeuse, est sans ambiguïté sur le message : la déconnexion conduit à une renaissance.

Ces deux exemples perturberont peut-être certains lecteurs. Il est vrai qu'il est particulièrement piquant de voir les pourvoyeurs de téléphones portables se faire leurs propres critiques (et leurs propres avocats). Mais ces films sont aussi l'expression d'une prise de conscience. Sans moments de déconnexion, il devient impossible de jouir de la vie. D'une certaine façon, il se passe aujourd'hui dans les télécoms ce qui s'est produit dans le secteur alimentaire quelques années plus tôt. Dans les deux secteurs, la logique de l'excès a des effets comparables. Trop manger conduit à l'obésité et fait perdre *in fine* le plaisir de manger. Trop de connexions conduisent au manque de présence aux autres et font perdre *in fine* le plaisir de communiquer. Dans les deux cas, la qualité de vie est détériorée. Dans les deux cas, à un moment donné, le besoin de prendre des mesures pour lutter contre les excès apparaît indispensable.

On ne quittera pas les télécoms sans évoquer Telia, car, dans ce domaine de la communication publicitaire, la palme lui revient. Cet opérateur de télécommunications suédois (l'équivalent de notre France Telecom), a lancé en 2011 une grande campagne de communication sur le thème de la « déconnexion ». Son principal message consistait à promettre à ses abonnés l'impossibilité de se connecter à internet sur plusieurs territoires de la Suède. Grâce à une application que l'opérateur fournissait à ses abonnés, ceux-ci se voyaient garantir que, dans certaines zones du pays, aucune connexion internet n'était possible. Sur ces territoires, dont la liste était disponible sur le site internet de Telia, ils ne pouvaient envoyer de messages ni en recevoir. La paix leur était ainsi assurée. Une entreprise de télécom faisant l'éloge de la déconnexion : c'est le monde à l'envers !

Vivre un mois sans internet

Vanter les charmes de la déconnexion est une chose, mais est-il réellement possible de vivre durablement « débranché » dans le monde actuel ? Un journaliste allemand né en 1974, Christoph Koch, a décidé pendant un mois de vivre sans téléphone portable ni internet. Outre la dimension du défi qui l'attirait, il s'agissait aussi de prendre la mesure de notre dépendance actuelle aux technologies. Il a tiré de cette expérience un livre dans lequel il tient au jour le jour le compte rendu de sa nouvelle vie[1].

Les premiers jours, raconte-t-il avec humour, il se sent *tout nu, déshabillé*. Désormais, au restaurant, il n'a plus à portée de la main les deux téléphones dont il ne se séparait jamais jusque-là. Il décrit son étrange sensation d'avoir des boules Quiès dans les oreilles. Soudainement, tout lui paraît lointain, comme assourdi. Il n'entend plus certains bruits du monde. Il a le sentiment d'un ralentissement général.

Le plus frappant, dans cette expérience de déconnexion, est le sentiment de ne plus être capable de comprendre le monde dans sa globalité (*Ganzheit*)[2]. Vivre sans internet ni téléphone pour un journaliste, c'est manquer rapidement de « nourritures ». Christoph Koch fait part du « manque » d'informations sur le monde qu'il éprouve et de sa frustration de ne plus recevoir de nouvelles de son cercle d'amis via Facebook. Se déconnecter, c'est faire face à un grand moment de solitude. Il y a aussi cette impression

1. Christoph Koch, *op. cit.*
2. *Ibid.*

de ne plus compter : ne plus être en copie dans les mails importants, ne plus suivre l'actualité du monde en direct. Et puis, il y a ce sentiment irrépressible de rater quelque chose à tout moment. Christoph Koch découvre, par défaut, qu'en restant connecté il avait la garantie de ne rien manquer, d'être toujours *up to date*, en prise directe avec son époque. Ce n'est plus le cas.

Mais il lui faut bien s'habituer à ces nouvelles conditions. Il reprend donc la lecture des journaux « physiques », lui qui était habitué à recevoir en ligne les informations de façon personnalisée. Expérience fastidieuse qui l'oblige à perdre son temps avec des informations qui ne l'intéressent pas. Pour communiquer, il utilise le bon vieux téléphone fixe et envoie des lettres à sa rédaction et à sa petite amie qui travaille dans une autre ville. Revenir à l'écriture, lui qui utilisait les claviers, lui demande un certain effort. Surtout quand il s'agit de remplir des formulaires bancaires... D'autant que les conseillers le renvoient toujours vers internet. Il lui faut donc expliquer patiemment à des chargés de clientèle sceptiques son impossibilité momentanée d'y avoir recours.

De fait, tout est plus difficile sans internet. On perd du temps. Quand on recherche la distance exacte qui sépare deux villes, on redécouvre les charmes, mais aussi l'imprécision, des vieux atlas consultés jadis à l'école primaire. On redécouvre aussi ce que signifie se rendre dans une bibliothèque pour trouver une information dans un livre, ou encore réserver son billet dans une agence de voyage.

L'expérience de Christopher Koch est pleine d'enseignements sur notre dépendance actuelle à internet et au téléphone portable. Elle montre à quel point, en l'espace de peu d'années, ces technologies nous sont devenues indispensables. Elle montre aussi à quel point nous avons changé nos habitudes. Nous leur avons délégué une partie croissante de notre mémoire. Christoph Koch se rend compte ainsi qu'il ne connaît plus aucun numéro de téléphone par cœur...

Déconnecter pour reprendre contact

C'est un signe qui ne trompe pas. D'autres livres sur le même sujet sont apparus ces dernières années. *The Winter of our Disconnect* (*L'hiver de notre déconnexion*), de la journaliste américaine Susan Maushart compte parmi les plus marquants[1]. Son sujet est le même que celui de Christoph Koch. Elle aussi a décidé de se couper d'internet. L'intérêt, dans son expérience, est qu'elle a duré six mois et qu'elle n'était pas seule à la vivre. Elle y a entraîné ses enfants.

Si le défi de Christopher Koch avait surtout un but cognitif, l'objectif de Susan Maushart est « social ». Il s'agit de réapprendre à vivre

1. Susan Maushart, *op. cit.*

ensemble dans une famille où chacun avait pris l'habitude de vivre seul à côté des autres. Mère divorcée, Susan Maushart vit en Australie avec ses trois enfants adolescents, âgés respectivement de quatorze, quinze et dix-huit ans. Ce sont, comme elle le précise, des *digital natives*, c'est-à-dire, selon sa propre définition, qu'ils *n'utilisent pas les médias, ils habitent les médias.* Passant la plus grande partie de leur temps à la maison derrière leurs machines, ça fait longtemps qu'ils ne prennent plus leur repas ensemble. Susan Maushart n'échappe pas elle non plus au diktat technologique. Journaliste de cinquante ans convertie aux médias électroniques, elle est devenue accro à ses différents écrans et dort avec son smartphone.

La dépendance technologique avait atteint pour sa famille un tel niveau que Susan Maushart a ressenti le besoin d'une « pause ». Elle tenait à faire l'expérience d'un environnement radicalement différent. Pour elle, c'était comme les emmener *en voyage à l'étranger.* C'est d'ailleurs ainsi qu'elle leur présenta les choses. Ce dépaysement, espérait-elle, allait produire une prise de conscience générale.

Une autre raison vient de l'influence de l'écrivain américain Thoreau. L'ombre de Thoreau, ce chantre de la vie loin de la civilisation[1], plane sur l'ensemble du livre. *Walden*[2] est d'ailleurs le

1. Voir chapitre III.

2. Henry David Thoreau, *Walden ou la vie dans les bois*, « L'imaginaire », Gallimard, 1922.

livre préféré de Susan Maushart. Deux idées de Thoreau l'ont fortement motivée dans son choix. La première réside dans la signification de la fuite de l'écrivain américain à Walden. En fuyant, Thoreau ne fuit pas la vie. Au contraire, il fuit pour renaître à la vraie vie. Pour Susan Maushart, se déconnecter, c'est se donner les moyens de reprendre le chemin de la vraie vie. C'est redécouvrir le sens du vivre ensemble. La seconde idée qu'elle trouve chez Thoreau, c'est son conseil maintes fois formulé de se concentrer sur l'essentiel. Que nous dit l'ermite de Walden ? Qu'il faut se débarrasser du superflu et renoncer à ce qui ne compte pas vraiment pour nous. *Simplifiez ! Simplifiez !* clame-t-il à qui veut l'entendre. C'est ce qu'a fait Susan Maushart. L'expérience de la déconnexion, avec tous ses gestes symboliques (faire disparaître les consoles de jeu, cacher les iphones, résilier les abonnements internet, ranger les multiples câbles dans les placards...), est une façon d'alléger le fardeau de la vie quotidienne.

Susan Maushart a conscience du tournant représenté par les progrès de l'internet mobile : *les Smartphones sont beaucoup plus révolutionnaires que l'ordinateur* écrit-elle. Non seulement l'internet mobile change les habitudes des gens, mais, surtout, elle est convaincue que quelque chose nous est dérobé au passage. La magie de la technologie nous a bluffés : *Nous avons été happés par le moment, par ce moment fascinant.* Et l'usage intensif des technologies a produit une dérive dont elle veut stopper le cours. *Je voulais faire un pas en arrière.* Car, en définitive, ce qui nous a été dérobé n'est rien d'autre que notre propre vie.

Comme Christoph Koch, Susan Maushart va tenir pendant six mois le journal de ce qu'elle appelle *L'Expérimentation* (*The Experiment*). Elle utilise aussi les termes de « purge » ou de « detox technologique » pour décrire son expérience.

Que retenir de cette expérience ? D'abord, elle a été couronnée de succès. L'hypothèse de départ – vivre six mois sans écrans reconnecterait chacun avec la « vraie vie » et recréerait les liens familiaux – « a été confirmée si souvent et d'innombrables façons ». Parmi les bénéfices d'une telle expérience, chaque membre de la famille Maushart a redécouvert les charmes des « petits plaisirs » de la vie : jouer à des jeux de société, lire des livres, regarder de vieilles photos, prendre des repas ensemble, écouter de la musique en famille...

Son fils s'est mis à jouer du saxophone, s'astreignant à une discipline régulière. Une de ses filles s'est rapprochée d'elle. Elle a pris plus de temps pour lire, passion qu'elle avait déjà. Ils ont découvert l'ennui, que Susan Maushart décrit comme une opportunité. Quand on s'ennuie, on devient plus créatif car on recherche activement des moyens d'en sortir. Bref, la déconnexion a permis de renouer des liens, de prendre le temps de faire des choses, de développer des talents endormis et de se rapprocher les uns des autres. La déconnexion a permis de réintroduire une dimension humaine qui tendait à se raréfier.

Quand se déconnecter devient une cure

Un autre témoignage en 2011 montre que le besoin de se déconnecter peut apparaître comme une nécessité. C'est ainsi, pressé par un sentiment d'urgence, que le blogueur français Thierry Crouzet a décidé un jour de *débrancher*. Devenu incapable de faire face à l'avalanche de messages électroniques qu'il recevait, il s'est effondré, victime de ce qu'il appelle un *burnout* numérique. Sa relation à internet était compulsive. Sa volonté l'avait abandonné. Il était pris dans un mouvement d'autant plus enivrant et vertigineux qu'il était collectif. À la suite de cet « accident », il décida de couper et, à son tour, de faire une pause de six mois. Avec une obsession en tête : *je dois me réapproprier ma vie, ne plus la subordonner aux messages qui déferlent sur moi*[1]. Signe des temps : son témoignage publié s'apparente également à un journal intime.

Thierry Crouzet écrit le mot « déconnexion » comme un ex-drogué dirait ma « cure » ou mon « sevrage ». On a parfois l'impression de lire le journal d'une cure d'amaigrissement, ses étapes, ses difficultés, ses petits bonheurs, ses réussites

1. Thierry Crouzet, *op. cit.*

vite compromises, etc. Cures de sommeil, énervements pour un rien, cuisine, jardinage, temps passé avec les enfants, passages à vide, séances de méditation, siestes réparatrices, lecture de livres *du début à la fin*... Rien ne nous est dissimulé de sa nouvelle vie. On suit au jour le jour le douloureux retour du bloggeur à la réalité. De même qu'on parle de régime alimentaire équilibré, Thierry Crouzet recherche un usage équilibré de la technologie.

Thierry Crouzet n'a pas seulement « débranché » au sens propre. Il ne s'est pas seulement coupé de ses différents accès au web (ordinateur, téléphone...). Il a aussi « débranché » au sens figuré. Les performances technologiques exhibées fièrement dans *Wired* ne le font plus vibrer :

> *Je glisse de page en page. Je me fiche du meilleur écouteur pour mon téléphone, des écrans de télévision de plus en plus grands et de moins en moins chers, d'un inconnu qui a diffusé une vidéo à 400 millions de spectateurs sur YouTube. Il n'est bien sûr pas question de la vidéo elle-même, mais seulement de ses scores. La réussite doit être mesurable. Il faut se rassurer par des chiffres.* [...] *Les objets et les individus sont mis en scène pour me donner l'impression que je passe à côté de l'essentiel.* Je suis en cet instant heureux d'être loin du Net et de ce déferlement de fatuité[1].

Avec le recul que permet la déconnexion, il juge désormais artificiels certains aspects de sa vie antérieure :

1. *Ibid.*, p. 137.

Je ne supporte plus les vidéoprojecteurs qui exigent le noir, les diaporamas, les discours minutés, les salamalecs préliminaires, les mauvais acteurs. Plutôt que de nous regrouper sous les étoiles autour d'une multitude de feux de camps, nous nous enfermons dans un carcan oratoire d'une rigidité formelle[1].

« Reprendre le contrôle de moi-même », « lâcher prise » : combien de fois ces expressions reviennent-elles dans le témoignage de Thierry Crouzet ? Ce sont les mots de notre époque, des mots révélateurs d'aspirations diffuses et grandissantes. Comment trouver une position d'équilibre d'où l'on pourrait simultanément voir le chemin parcouru et apercevoir le moment présent ? Comme dans les témoignages de Christoph Koch et Susan Maushart, s'affirme le même objectif : être plus présent à soi-même, aux autres, au monde :

Je ne débranche pas pour me couper de tout, pour me faire ermite, mais pour me connecter à d'autres jouissances[2].

Le résultat de ces six mois, c'est une transformation. Quand il se reconnecte, finalement, Thierry Crouzet n'est plus le même homme. Il n'est plus cet accro aux réseaux sociaux ou aux flux RSS qu'il a été. Il ne se sent plus obligé de répondre dans la minute aux messages qui lui sont envoyés. Il fixe lui-même son rythme. Il se protège en durcissant les règles de filtrage de sa

1. *Ibid.*, p. 202.
2. *Ibid.*, p. 129.

messagerie. Il refuse un grand nombre d'invitations sur les réseaux sociaux. Il ne veut plus perdre son temps avec des sollicitations inutiles. Il a désormais une meilleure appréciation des conversations souvent oiseuses ou qui tournent en rond sur le net.

La déconnexion a atteint son but. Dans son usage frénétique d'internet, il avait pris l'habitude de vivre dans l'immédiateté – une sorte d'illusion à conjurer le temps. Désormais, il est revenu dans le temps *humain*. Il n'a plus peur du vide. Il voit moins de gens mais il est *plus présent avec eux*.

Le choix d'une coupure définitive ?

Jusqu'à présent, ceux qui se déconnectent le font, tels Christoph Koch, Susan Maushart ou Thierry Crouzet, de façon temporaire. Peut-on imaginer vivre totalement déconnecté ? C'est probablement impossible. Que l'on soit actif ou inactif, une part grandissante de nos habitudes passe désormais par le réseau. Si la coupure radicale est irréaliste, les expériences montrent néanmoins la vertu des coupures temporaires.

C'est ce que les rédacteurs du *Sabbath Manifesto* (le Manifeste du Shabbat) ont à cœur de défendre aux États-Unis. *Le manifeste du Shabbat est un projet créatif destiné à ralentir nos vies dans un monde de plus en plus stressant.* Ses partisans se sont fait connaître par la création d'une journée de pause technologique. Chaque année, aux États-Unis, depuis 2010, on célèbre début mars la journée nationale de la déconnexion (*national day of unplugging*). Celle-ci a lieu entre le coucher du soleil un vendredi et le coucher du lendemain. Au cours de cette journée, on doit couper son téléphone et éteindre tous ses appareils électroniques. Prière de ne pas se connecter pendant vingt-quatre heures. Au-delà de cette journée nationale, l'objectif du mouvement est d'encourager chacun à se déconnecter régulièrement. L'idéal pour tous ? Faire une cure d'une journée sans technologie par semaine. Il ne s'agit pas d'une religion, même si l'idée de shabbat technologique est inspirée du judaïsme, mais d'une sorte d'hygiène personnelle ; une tentative de reconquête de la vraie vie. D'ailleurs, si le principe fondateur de ce mouvement est l'impératif *éviter la technologie* (*avoid technology*), les autres principes sont révélateurs d'une ambition plus large : *Se connecter à ses proches ; prendre soin de sa santé ; sortir au grand air ; éviter le commerce ; allumer des bougies ; boire du bon vin ; manger du pain ; trouver le silence ; donner en retour ce qu'on vous a donné.* L'attitude face à la technologie est une première étape. Elle n'est pas la seule.

Débrancher : un geste passéiste ?

Débrancher ses appareils, ne fût-ce qu'un moment. La principale critique à laquelle ce type de déconnexion peut être exposé, c'est éventuellement de faire « rater » quelque chose à celui qui la pratique. Pour ceux qui ne jurent que par le plaisir d'être connecté à la vie contemporaine, « débrancher », ne fût-ce que quelques heures, peut apparaître comme une coupure insupportable. À ceux-là, on peut rétorquer qu'il n'est pas nécessaire d'être « branché » ni « connecté » pour être en accord avec notre époque. Rien n'illustre mieux cette vérité que l'éloge de la déconnexion pratiquée par certains créateurs de mode. Car peut-on imaginer plus paradoxal ? Comment, en ce début de XXIe siècle, peut-on être à la fois dans la mode et déconnecté ? Comment peut-on inventer des styles pour l'air du temps et afficher dans le même temps une attitude distante vis-à-vis des nouvelles technologies ? C'est pourtant ce que le styliste britannique Paul Smith revendique, en affichant fièrement son côté *old school*. En matière de technologie, en effet, il se contente du minimum syndical (un vieux téléphone portable non connecté à internet). À quoi bon s'encombrer ? L'important est d'être inspiré, et pour Paul Smith et tant d'autres, l'inspiration est partout, à condition de savoir préserver sa disponibilité et, pour qui s'adonne plus particulièrement à l'élégance vestimentaire, avoir le coup d'œil...

Slow is beautiful

C'est une phrase que l'on entend de plus en plus de nos jours. Soudain, près de nous, quelqu'un soupire : « Quelle vie de fou je mène !... » Puis, le regard las, un peu désabusé, la personne qui a soupiré se tourne vers nous avec l'air de celui qui subit un rythme de vie qu'il ne maîtrise plus. L'erreur consisterait à croire que seuls quelques cadres supérieurs surchargés de rendez-vous internationaux sont concernés. En 2011, 60 % des Européens interrogés par Ipsos déclaraient : *J'ai l'impression d'avoir trop de choses à faire dans ma vie.*

Prenez par exemple le monde de la musique classique. De l'extérieur, on imagine un milieu aux mœurs calmes, ritualisées, à l'abri des turbulences contemporaines. On imagine en tout cas un univers très différent de celui, trépidant, stressé, hyper actif, des traders de Wall Street ou de La Défense. On se trompe. Voici comment le compositeur finlandais Esa-Pekka Salonen parle de son emploi du temps de directeur du Philharmonique de Londres :

Le lendemain du dernier concert je suis parti pour Chicago, après seulement deux heures de sommeil, pour diriger la Septième Symphonie de Bruckner et je me suis dit : « Que suis-je en train de faire ? Quel sens a cette vie ? À ce moment précis, j'aurais peut-être dû prendre un mois de repos et réfléchir à ma vocation[1].

Esa-Pekka Salonen n'est pas le seul à ne plus savoir où il en est. De nombreux musiciens ont des agendas saturés d'engagements.

Ce désir de pause est aujourd'hui présent au sein de très nombreux milieux et concerne tous les âges. Les jeunes n'échappent pas à la règle. Voici comment l'exprime une trentenaire parisienne interrogée fin 2010 dans un témoignage très représentatif :

Je viens de passer six jours de « bien-être ». Je suis descendue dans le Sud du côté d'Aix. Je voulais réfléchir à ma vie, mes sentiments, mes relations avec les gens, ce que je suis. C'était un peu une « retraite » contre toute attente, parce que ça ne me ressemble pas du tout. J'ai mangé des châtaignes à quatre heures de l'aprèm' au coin du feu. Le bien-être c'est prendre le temps...

Chaque fois, derrière ce désir de « bien-être », se retrouvent les mêmes motivations : ralentir le rythme, prendre du recul, réfléchir posément, profiter de la vie.

Une étude réalisée en février 2011 par Ipsos pour la Foire de Paris a révélé l'ampleur de cette

1. *Classica*, février 2012, p. 62.

aspiration en Europe[1]. En effet, plus de la moitié des Européens interrogés souhaitaient ralentir leur rythme de vie. 64 % des Italiens ressentaient le *besoin d'aller moins vite.* C'était le cas pour 57 % des Français ou des Britanniques, et 52 % des Allemands. Cette aspiration est d'autant plus significative qu'il ne fait aucun doute, pour la plupart d'entre nous, que le monde de demain sera voué à la vitesse. Ainsi, dans la même enquête, 88 % des Européens considéraient que, *dans les années à venir, le monde ira toujours de plus en plus vite.*

L'émergence du mouvement slow

De fait, le mouvement *slow* doit être compté au rang des partis de la déconnexion. Tout, dans les valeurs qu'il défend, milite pour une mise à distance de la technologie. L'éloge de la lenteur apparaît comme une évidente provocation face à toutes ces machines dont l'amélioration permanente n'a qu'un seul objectif : que nous allions plus vite.

Apparu dans les années 1980 en Italie, le mouvement *Slow Food*, qui revendique plusieurs dizaines de milliers de membres à travers la planète, milite pour préserver une alimentation authentique. En réaction au développement

1. Ipsos / Foire de Paris, *Enquête sur la tendance Slow Life*, février 2011.

continu des enseignes de restauration rapide, ses partisans recommandent de prendre de « vrais repas » : se mettre à table, être ensemble pour partager ce moment rituel, passer du temps à préparer de vrais plats, savourer ce que l'on mange et ce que l'on boit, utiliser des ingrédients authentiques, etc. Bref, prendre le temps de déconnecter plutôt que de s'asseoir face à son écran en grignotant un mauvais sandwich...

Dans le même esprit, le mouvement *Slow City* défend le principe de villes « plus lentes ». Comprenez : des villes avec moins de voitures et plus de modes de déplacement « doux » pour l'environnement et la qualité de vie (marche à pieds, vélo, transports publics). Là aussi, il s'agit de « débrancher ». Le concept de « journées sans voiture » appliqué aujourd'hui dans de nombreuses villes est, d'une certaine façon, une journée de déconnexion. Le romancier Benoît Duteurtre, qui propose lui aussi de réduire la place des transports dans les villes, résume bien les bénéfices attendus de telles initiatives :

> *Il importerait, graduellement, de réapprendre à regarder ce que nous vivons réellement. Ne plus songer au taux de croissance qu'il faut garantir cette année, mais considérer plutôt le déroulement de notre journée, le temps passé dans les embouteillages, le décor où nous vivons*[1].

1. Benoît Duteurtre, *Le Grand Embouteillage*, éditions du Rocher, 2002, p. 88.

La déconnexion est une invitation à redécouvrir ce qui nous entoure. Elle nous permet de ne pas oublier, note Benoît Duteurtre, *le rayon de soleil qui passe, les tendresses et les démêlés amoureux, le repas de ce soir, la grippe de l'hiver et les moments perdus en attendant ce bon film à la télé.*

De nombreux domaines de la vie sont désormais imprégnés par la philosophie *slow*. On pourrait citer également, dans la même veine, le mouvement *Slow Bakery*, présent dans le nord de l'Europe, qui revendique une boulangerie respectant les valeurs traditionnelles, ou les adeptes du *Slow Ski*, en Italie, qui veulent faire de cette pratique un art de vivre plutôt que la démonstration d'une performance.

À l'instar de ceux qui revendiquent de « débrancher », ceux qui proposent de « ralentir » ne souhaitent pas interrompre le cours de l'Histoire. Ils sont conscients de l'impossibilité pour l'humanité de faire marche arrière. Ils ne souhaitent pas renoncer aux progrès réalisés dans le monde moderne. En revanche, ce qu'ils espèrent ardemment, c'est de préserver une qualité de vie qu'ils estiment menacée par l'accélération. Le Canadien Carl Honoré, auteur d'un *Éloge de la lenteur* (2004[1]) insiste sur le fait que le but du *ralentissement* de nos modes de vie n'est pas de

1. Le titre de ce livre en anglais est : *In praise of slow : challenging the cult of speed*, San Francisco, Harper One, 2004.

s'arrêter, mais de trouver la *juste cadence* pour chaque activité de la vie. Certaines d'entre elles, rébarbatives, gagnent à être expédiées en vitesse, explique-t-il dans son livre. D'autres, plus essentielles à l'équilibre personnel des individus, doivent être pratiquées en prenant le temps. Son essai fourmille d'exemples et de conseils à l'intention de ceux qui veulent augmenter leur qualité de vie. Chaque fois, il s'agit de prendre du recul et de se libérer du diktat selon lequel la vitesse constituerait l'horizon indépassable de notre époque.

Car telle est la question : aller moins vite, mais pour quoi faire ? Dans l'enquête déjà citée de la Foire de Paris, les domaines dans lesquels les personnes interrogées en France souhaiteraient *prendre plus leur temps* sont révélateurs des priorités de nos contemporains. Trois domaines se détachent plus particulièrement : celui du lien social (familial et amical), celui du tourisme et celui des loisirs personnels (cf. tableau 1). En d'autres termes, les Français « demandent » plus de temps pour être avec leurs amis ou leur famille, plus de temps quand ils voyagent et plus de temps quand ils se consacrent à leurs passions privées. Les temps de déconnexion, s'ils étaient reconnus, permettraient, en principe, d'améliorer les choses.

Domaines dans lesquels les Français aimeraient ***« ralentir, prendre plus leur temps »***	%
Lorsque vous passez du temps avec votre famille	55
Lorsque vous faites du tourisme	53
Lorsque vous consacrez du temps à vos loisirs personnels	50
Lorsque vous passez du temps avec vos amis	49
Lorsque vous mangez, prenez vos repas	42
Lorsque vous faites une sortie culturelle	37
Lorsque vous êtes au travail	35
Lorsque vous passez du temps dans votre salle de bains	35
Lorsque vous faites du sport	34
Lorsque vous consacrez du temps au service des autres (activité associative, bénévole...)	32
Lorsque vous sortez dans un bar, un restaurant	32
Lorsque vous faites la cuisine	32
Lorsque vous faites l'amour	30
Lorsque vous faites les courses	24
Lorsque vous êtes au volant / vous conduisez	21

Tableau 1 – Enquête sur la tendance *Slow Life* (Ipsos/Foire de Paris, février 2011)

Ralentir devrait nous conduire à mieux apprécier les œuvres d'art. C'est ce que pense Tzvetan Todorov dans son livre sur la peinture hollandaise du XVIIe siècle : notre mode de vie empressé nous empêche de jouir de la culture. Nous avons tendance à remettre à demain ce qui apporterait pourtant du sens à nos vies :

Tout se passe comme si nous nous pressions pour régler au plus vite les affaires, et que, pendant ce temps, nous avions suspendu notre vie ; mais ce provisoire-là dure, et finit par se substituer à l'objectif toujours repoussé. Peut-être pourrions-nous un jour apprendre à ralentir non pas nos gestes – nous aurions à renoncer là à une part trop importante de nous-mêmes – mais l'impression qu'ils laissent dans notre conscience, pour nous donner le temps de les habiter et de les savourer. C'est alors que la vie quotidienne cesserait de s'opposer aux œuvres d'art, aux œuvres de l'esprit, pour devenir, tout entière, aussi belle et riche de sens qu'une œuvre[1].

La tendance slow et les jeunes

Ces tendances sont sans doute révélatrices de pays vieillissants où l'augmentation sensible du nombre de « seniors » engendre une aspiration générale à la modération. Dans les enquêtes d'opinion, les personnes les plus désireuses de « déconnecter » à travers un bon repas ou une promenade sont souvent plus âgées que la moyenne. Mais les temps changent. Certains jeunes commencent eux-aussi à vouloir « souffler » un peu.

Pour nous en convaincre, portons notre regard vers le Japon. La critique de la vitesse y est de plus en plus présente dans les débats. Et le culte de la lenteur ne cesse d'y faire des adeptes. L'envie de déconnecter y est d'autant plus forte qu'elle s'inscrit dans une aspiration

1. Tzvetan Todorov, *Éloge du quotidien. Essai sur la peinture hollandaise du XVIIe siècle*, Seuil, 1997, p. 146.

plus générale à retrouver certaines formes de vie traditionnelles, négligées par la société contemporaine. Ces dernières années, les jeunes Japonais interrogés dans les études de tendance ont manifesté un intérêt croissant à cet égard. Ils parlent désormais avec enthousiasme de leurs *racines culturelles*, évoquent avec nostalgie les *cafés à la japonaise*, les ambiances *à l'ancienne* ou le raffinement des ancêtres. Un ingénieur de trente ans confie avec délectation :

> *J'aime la sensibilité des Japonais. Le sens du Wabi-Sabi (sobriété et paix intérieure), par exemple, et la beauté trouvée même dans le chaos. J'aime l'automne et la vue des feuilles qui rougissent sur les arbres, le sentiment des saisons qui passent*[1].

Le succès médiatique de celles que les sociologues japonais surnomment les « Mori Girls » (ou « filles de la forêt ») s'inscrit dans cette tendance à combiner désir de ralentissement et retour aux traditions. Dans ce mouvement qui exerce une forte influence chez les jeunes filles japonaises à la fin de la décennie 2000, l'ambition est de retrouver un style de vie proche de la nature. La presse japonaise décrit les « Mori Girls » comme des filles aimant passer du temps à lire dans les salons de thé ou à chiner dans les boutiques *vintage*. Plusieurs articles les montrent se promenant dans les quartiers de Shimokitazawa, un appareil photo analogique à la main,

1. Ipsos, Trend Observer, 2010.

à la recherche d'un détail insolite ou pittoresque. Leurs gestes trahissent une revendication affichée de lenteur. Ce faisant, elles aspirent à se reconnecter avec le monde, et à vivre de façon plus authentique. On a parfois l'impression qu'à la recherche du paradis originel, elles fuient tout ce qui est contemporain. Pour simplifier, on pourrait dire qu'elles se déconnectent du « technologique » pour se connecter au « naturel ».

Déconnexions dessinées

Il n'est pas étonnant que cette sensibilité traverse le Japon contemporain. Les technologies ne cessent d'y envahir la vie quotidienne des habitants. Face à cette déferlante électronique, certains éprouvent un désir très fort de faire un pas de côté. Pour cette raison-là, peut-être, c'est aujourd'hui un dessinateur japonais qui traduit le mieux les rêves de déconnexion non seulement de ses compatriotes, mais aussi des Européens qui le lisent avec une passion croissante. Connaissez-vous Taniguchi ? Dans ses albums de bande dessinée, ce mangaka célèbre les idées de lenteur et de déconnexion. Il aime tout particulièrement mettre en scène des salariés d'entreprises, qui profitent de leur temps libre pour se promener dans les rues et redécouvrir chaque particularité de leur ville (*Le Promeneur*, *L'Homme qui marche*) ou pour goûter aux saveurs de ses multiples restaurants (*Le Gourmet solitaire*).

Ce que Nietzsche recommande sous la forme de lieux – haltes apaisantes au cours d'une journée affairée – Taniguchi l'imagine comme un mouvement dans l'espace de la ville – la marche comme mise en éveil et (re)découverte de la ville et de ses détails enchanteurs. La promenade, quand elle n'a pas de but, quand elle est une manifestation de la liberté, peut conduire à la reconnexion à soi-même. C'est ce qu'il explique à la fin de son album *Le Promeneur* :

> *Dès que vous avez un moment libre, essayez de sortir marcher sans but. Alors, immédiatement, sans qu'on s'en rende compte, le temps se met à passer plus lentement. Ici où là, on retrouve des choses oubliées, on prend plaisir à regarder le passage des nuages et l'on se sent peu à peu apaisé. La personne qui est présente, là, dans la marche, c'est soi, au plus près de ce qu'on est vraiment*[1].

Taniguchi peut être considéré comme un des plus ardents défenseurs de la déconnexion aujourd'hui, en même temps qu'un adepte convaincu de la vie ralentie. De ses dessins émanent des atmosphères de silence et de paix. Dans les rues qu'il dessine, même dans les plus encombrées, règne un calme perpétuel. Ses personnages y déambulent le regard embué par l'émotion que suscite la contemplation des choses simples. Tout est matière à merveille : une vieille droguerie, un antique marchand de chaussures, un boui-boui méconnu. En marchant, ses personnages

1. Jirô Taniguchi, *Le Promeneur*, Casterman, 2008.

apprennent à voir autrement, à mieux profiter, à découvrir ce à quoi ils n'avaient jamais prêté attention. Ils réalisent ainsi le rêve de nombreux citadins : se déconnecter du rythme trépidant de la société d'hyperconsommation afin de retrouver une partie de soi-même. C'est ce qu'on pourrait appeler la « promenade-déconnexion ». Un grand rêve de « promenade-déconnexion » : c'est en partie pour cette raison que Taniguchi est révéré en Asie et en Europe. Il offre à chacun de ses lecteurs une ouverture vers une forme de vie alternative. Et ce qui fascine le plus, c'est que rien ne paraît plus simple en apparence que de se mettre à marcher, lentement, à rebours du temps.

L'art de la fuite

Bien sûr, certains ne seront pas apaisés par le geste de mise à distance de l'appareil technologique. À ceux-ci, ce geste paraîtra peut-être artificiel ou insuffisant. De même, il n'est pas sûr que « ralentir » suffise à répondre au besoin de se libérer des petites tyrannies technologiques. Aller moins vite apparaîtra alors comme un pis-aller, une solution de compromis. En réalité, pour ceux qui veulent vraiment faire un pas de côté et respirer un grand coup, une autre solution existe, plus radicale : *prendre la fuite.*

Voyager pour se déconnecter

Le voyage constitue aujourd'hui la façon de « fuir » la plus universellement pratiquée : celle qui s'intègre aisément dans une vie par ailleurs en tous points « normale ». Deux à trois fois par an, on « prend la fuite », ce qui permet de souffler un peu et de retourner ensuite au travail avec force énergie et motivation.

De fait, changer d'environnement exerce une influence bénéfique sur le voyageur. Thomas Mann, dans ce grand roman sur la déconnexion qu'est *La Montagne magique*, avait bien résumé les vertus du voyage dès le début du XXe siècle :

> *Deux journées de voyage éloignent l'homme* [...] *de son univers quotidien, de tout ce qu'il regardait comme ses devoirs, ses intérêts, ses soucis, ses espérances* [...] *L'espace qui, tournant et fuyant, s'interpose entre lui et son lieu d'origine, développe des forces que l'on croit d'ordinaire réservées à la durée*[1].

Le voyage invite à se renouveler, à se transformer, à changer. En changeant de lieu, on change de perspective. Tout d'un coup, le monde apparaît sous un angle inédit. Dans un des nombreux entretiens qu'il donna, Ionesco souligna avec justesse que le voyage possède une qualité particulièrement appréciable, celle de *rajeunir*. En rompant avec la banalité de la vie quotidienne, en faisant découvrir de nouveaux horizons, le voyage renouvelle du même coup la vision des individus, qui se sentent eux-mêmes *renouvelés* de fond en comble. Découvrir d'autres pays, c'est ainsi s'offrir, selon Ionesco, une véritable cure de jouvence. C'est fuir celui qu'on est, et faire un retour vers sa jeunesse (ou en avoir l'illusion tout du moins). Double avantage : la

1. Thomas Mann, *La Montagne magique*, 1931, Arthème Fayard, Le Livre de Poche.

fuite dans l'espace est aussi une fuite dans le temps.

Serait-ce ce double bénéfice que recherchent les voyageurs d'aujourd'hui ? En tout cas, l'attrait pour le voyage est bien réel dans les sociétés contemporaines. Malgré les restrictions sécuritaires qui ont suivi les attentats du 11 septembre 2001, cette forme de déconnexion demeure une aspiration forte chez nos contemporains. En 2009, 64 % des personnes interrogées dans l'Observatoire du bien-être[1] étaient d'accord pour reconnaître que *voyager, découvrir d'autres cultures* permet de *se sentir vraiment bien* dans la vie. De fait, le voyage est devenu une source importante de bien-être pour la plupart d'entre nous. Si l'on y est si attaché, c'est qu'en nous déconnectant il nous apporte la nouveauté dont nous avons régulièrement besoin pour nous requinquer.

Le voyage est tellement ancré dans les habitudes contemporaines que même une modification brutale de la conjoncture économique ne remet pas en cause sa nécessité. Les données recueillies au cours des dernières années montrent que les gens continuent à voyager malgré la crise. Bon an mal an, la part des individus manifestant l'intention d'aller en vacances à court ou moyen terme est restée stable, de l'ordre de 60 à 65 %. En fait, si les arbitrages liés à la

1. Ipsos, Observatoire du bien-être, enquête réalisée auprès de sept mille personnes en Europe, aux États-Unis et au Japon, 2009.

crise et à la peur du lendemain ont pu inciter certains à modifier leurs façons de concevoir les conditions de leur séjour (budget réduit, voyage plus court ou vers une destination moins lointaine), le principe du voyage lui-même n'est jamais remis en cause. Le besoin de déconnexion a résisté aux difficultés économiques.

Mais changer d'air ne suffit pas toujours. Il faut aussi que le contenu du voyage apporte une authentique expérience de déconnexion. La vogue récente des « retraites spirituelles » traduit une aspiration à se déconnecter « intérieurement » du monde moderne. Dans ce cas, peu importe l'exotisme de la destination. L'essentiel est de se retirer dans des lieux qui n'offrent pas, à celui ou à celle qui vient chercher le repos de l'esprit, les multiples tentations contemporaines. L'attrait pour la retraite traverse l'histoire occidentale. Au XVIIe siècle notamment, la retraite spirituelle était très prisée. On se retirait régulièrement de la vie mondaine pour préparer son salut dans la solitude. Aujourd'hui, l'objectif de ces retraites est de renoncer aux préoccupations de la société de consommation. Pendant ces séjours, vous êtes censé oublier vos frustrations (vos désirs de consommation inassouvis) et tout est fait pour vous permettre de reprendre contact avec vous-même. Vous vous « reconnectez » avec votre moi profond. Dans un sens, vous commencez à « revivre ».

La littérature contemporaine offre plusieurs témoignages de ce type de déconnexion à visée *régénératrice.* Plusieurs livres, dans les années 2000, ont abordé ce thème, soit sous la forme du récit d'une expérience vécue, soit sous la forme de la fiction. Il est intéressant de s'y arrêter quelques instants, car cela nous permettra de comprendre, de l'intérieur, les motivations de ceux qui rêvent d'une forme de déconnexion radicale.

Vivre en ermite pendant six mois

S'il est une forme de déconnexion qui doit en faire rêver plus d'un, c'est celle qu'a vécue Sylvain Tesson. En se retirant six mois dans une forêt de Sibérie, il a probablement accompli le fantasme de beaucoup de ses lecteurs : renoncer au mode de vie imposé par la société contemporaine. Par cet exil volontaire, Sylvain Tesson a explicitement voulu quitter le monde de l'abondance et de l'hyperconsommation, ce monde où, rappelle-t-il au début de son récit, on peut trouver jusqu'à *quinze sortes de ketchup* dans les magasins...[1]. Notre exilé volontaire est d'ailleurs convaincu que, par son geste, il agit en précurseur d'une tendance qui va grandir dans les prochaines années : *le froid, le silence et la solitude sont des états qui se négocieront demain plus chers que l'or. Sur une terre surpeuplée, surchauffée, bruyante, une cabane forestière est*

1. Sylvain Tesson, *Dans les forêts de Sibérie*, Gallimard, 2011.

l'eldorado[1]. Sous le double patronage de Knut Hamsun et d'Henry de Montherlant (le premier pour son goût de la forêt et de la solitude, le second pour son éloge intransigeant de la liberté), Sylvain Tesson est donc allé *s'enfouir sous le couvert des futaies, seul, dans le silence*[2].

Dans son livre, il raconte au jour le jour les bienfaits que lui apporte cette expérience de déconnexion malgré la dureté des conditions de vie. Loin des autres, il apprend tout d'abord à redécouvrir le monde – sa diversité, ses beautés, son rythme naturel : *La présence des autres affadit le monde. La solitude est cette conquête qui nous rend jouissance des choses*[3]. Très vite, il éprouve des sensations proches de celles évoquées dans leur journal de déconnexion par Susan Maushart ou Thierry Crouzet. Un jour, par exemple, contemplant de sa cabane le paysage, il s'exclame : *Le passionnant spectacle de ce qui se passe par la fenêtre. Comment peut-on encore conserver une télé chez soi ?*

L'expérience du retranchement a ce pouvoir de nous révéler à quel point l'abondance de nos sociétés d'hyperconsommation nous empêche parfois de jouir vraiment des objets que nous avons. C'est quand on possède peu que l'on connaît vraiment la valeur, *par-delà le temps qui passe*, des objets en notre possession. De fait,

1. *Ibid.*
2. *Ibid.*
3. *Ibid.*

Sylvain Tesson a vécu pendant six mois cette fameuse vie « simplifiée » que recommandait Thoreau. Le retrait dans une cabane allège profondément le fardeau de l'existence. *En ville, chaque acte se déroule au détriment de mille autres*[1]. *Privé de machine*, Sylvain Tesson redécouvre l'importance d'entretenir son corps. Sans journaux, il apprend à déchiffrer la *langue des arbres*. Tout est à redécouvrir. Mais le jeu en vaut la chandelle. Au final, c'est à une véritable régénération qu'il parvient : régénération du corps et de l'esprit.

Au fond, Sylvain Tesson redécouvre ce que la société d'hyperconsommation a recouvert sous des monceaux de produits et de services. En se déconnectant six mois, il a supprimé le superflu et s'est rapproché de la condition originelle de l'homme. Il s'est concentré sur l'essentiel de la vie. Il a accédé à une forme de prise de conscience de soi que ne permet jamais la vie accélérée qui prévaut dans les villes. Laissons-lui le soin de conclure :

> *Sous les futaies, se déploie une existence éternelle, au plus près de l'humus. On y renoue avec la vérité des clairs de lune, on se soumet à la doctrine des forêts sans renoncer aux bienfaits de la modernité*[2].

1. *Ibid.*
2. *Ibid.*

Renaître à travers les phrases

D'autres livres parus ces dernières années envisagent également le retrait du monde, mais sous l'angle de la fiction. Il est frappant de constater la récurrence de ce thème dans la littérature contemporaine[1]. Deux romans vont nous retenir ici. Dans les deux, l'expérience de la déconnexion qu'ils mettent en scène est une expérience radicale. Les deux sont des récits de fuite. Et ce n'est plus de six mois qu'il s'agit, comme chez Sylvain Tesson, mais de toute la vie. Le caractère radical des trajectoires qu'ils exposent a une vertu : il permet d'étudier avec une loupe grossissante les motivations et les effets de la déconnexion sur les individus.

Le premier, *Cercle*[2], a été publié en 2007 par Yannick Haenel. Il met en scène un narrateur, Jean Deichel, qui décide un jour de tout arrêter et de quitter son travail. Soudainement, alors qu'il attend dans la foule le RER du lundi matin, il voit s'ouvrir une possibilité, un *passage.* Une phrase s'offre à lui, et l'appelle. C'est sa *chance. C'est maintenant qu'il faut reprendre vie*, note-t-il. Comme une voix qui murmure à son oreille. Le narrateur saisit cette chance. Il renonce à se rendre au travail. Il décide de *déserter.* Il appelle son bureau pour dire qu'il ne reviendra plus. Il

1. Quelques exemples : Pascal Mercier, *Train de nuit pour Lisbonne* ; Philippe Ségur, *Vacance au pays perdu* ; Jan Kracauer, *Into the wild.*

2. Yannick Haenel, *Cercle*, Gallimard, 2007.

jette sa sacoche de travail dans la Seine. Le moment de la délivrance est arrivé. À partir de ce geste de rupture, il n'y a plus de plan dans l'aventure du narrateur. Il ne suit plus qu'un seul maître : son désir. Le roman devient lui-même le grand espace du désir, un grand espace où va se déployer sa délivrance. C'est une expérience radicale, une expérience qui engage le narrateur jusqu'au tréfonds de son être, une confrontation avec l'*existence*, la vraie.

Que fuit ainsi Jean Deichel ? Le roman est très explicite à ce sujet. Jean Deichel fuit le *monde des chiffres*. Plus précisément : il fuit une société qui tente de faire de chaque individu une entité mesurable. *Cap au libre !* s'écrie-t-il avant d'ajouter *: S'aventurer ailleurs que dans le mesurable.* Il lui faut retrouver le monde « d'avant » le chiffre, et se libérer de l'emprise du « quantifiable ». Le monde que refuse le narrateur de *Cercle* est un monde où s'est installé un modèle de vie marchand, fondé sur le calcul et la consommation. Grâce à son geste de rupture radicale, le narrateur est passé de l'autre côté du miroir que ne cesse de nous tendre la société de consommation. Il est désormais capable de percevoir ce qu'il nomme *l'envers du combien* : *j'ai commencé à percevoir les choses sans l'idée du chiffre. Le nombre s'est mis à ne plus exister, et avec lui a disparu l'idée de valeur. Combien, combien, combien ? disent les hommes. Combien tu vaux, combien je vaux, combien ça vaut.* C'est ce monde de la valeur d'échange dont le narrateur s'est extirpé. Il ne participe plus à ce qu'il considère comme la comédie de la marchandise.

Son salut lui vient des « phrases » qui surgissent les unes après les autres dans son esprit libéré. Des phrases lui apparaissent comme par magie dans une espèce d'enchantement du monde et du désir. L'envers du « combien », ce sont ces phrases qui, peu à peu, vont ensorceler le narrateur. D'où viennent-elles ? Jean Deichel l'ignore, mais, chaque fois, elles s'offrent à lui dans une *évidence absolue.* Grâce à leur appel, il sort de la vie chronométrée, de l'espace quadrillé par les emplois du temps ; il s'échappe hors des discours de la rentabilité, hors des bavardages et des ragots. Il quitte la médiocrité des vies soumises aux calculs. La prose d'Haenel prend des accents mystiques. Les phrases viennent au narrateur comme autant de révélations, de directions à prendre. Il les suit et se laisse envahir par une sensation de joie, la joie de *renaître.*

De même que Sylvain Tesson, dans son retrait, a redécouvert comment regarder le monde, le narrateur de *Cercle*, dans sa nouvelle condition de « déserteur », redécouvre la facette magique de la vie. Hors du « système », il se met à revivre. Il écoute. Quand on écoute, suggère le roman de Yannick Haenel, au bout d'un certain temps, tout à coup, les phrases jaillissent, les unes après les autres : ce sont des nuées d'oiseaux, ce sont des bouquets multicolores, ce sont des offrandes disponibles à ceux seulement qui ont renoncé à vivre au rythme des horloges. *Cercle* est le livre d'ouverture à ces phrases de la renaissance. Les « phrases » seront toujours là, offertes à qui se mettra dans la condition de les recevoir. Cette condition exige la sortie d'un système où « combien » résonne comme un impératif catégorique. Il y a une dimension mystique dans le roman. Le narrateur vit une expérience d'illumination, d'extase. Il dit qu'il a découvert la *sensation de l'existence absolue*. C'est la conséquence finale de cette déconnexion radicale.

La fuite, dans *Cercle*, est une forme de renaissance. Le message est très clair : on ne vit vraiment que si l'on sort des sentiers battus de la vie ordinaire. Le roman d'Haenel, très riche, offre l'exemple le plus radical du fantasme contemporain de la fuite. Avec lui, la civilisation du « chiffre » cède la place à l'aventure des « phrases ». La déconnexion radicale accomplit une conversion absolue.

Fuir pour vivre selon sa vraie nature

Cette conversion absolue, on la retrouve dans *Villa Amalia*, le roman de Pascal Quignard paru la même année que *Cercle*[1]. L'écriture de Pascal Quignard va à l'essentiel et confère à ce récit de la fuite d'une femme de quarante-sept ans un caractère intemporel. Comme dans le roman

1. Pascal Quignard, *Villa Amalia*, Gallimard, 2007.

d'Yannick Haenel, le personnage principal va rompre complètement avec sa vie passée. Il n'est pas question explicitement de rupture avec le monde de la consommation ou de l'argent, cependant le geste de rupture correspond à un dépouillement. Ann Hidden va *tout quitter*. Elle va s'alléger de ses biens et, dans cet allègement, se découvrir sous un angle radicalement nouveau.

Ann Hidden est pianiste. Elle a enregistré trois disques dans sa vie. Après avoir surpris son compagnon avec une autre, elle décide de rompre. Mais elle ne décide pas seulement de quitter un homme. C'est d'une rupture radicale qu'il s'agit. Elle veut oublier le passé. Elle prend conscience que la vie qu'elle a menée à Paris était « mensongère ». C'est la raison pour laquelle elle vend la maison qui lui appartient avec tous ses meubles. Elle va se séparer de tous ses biens. Comme Jean Deichel dans *Cercle*, elle démissionne de son emploi. Surtout, elle accomplit un geste particulièrement symbolique car c'est sans doute le plus difficile pour un musicien : elle se débarrasse de ses trois pianos.

Parce qu'elle sent que l'heure de sa dernière chance a peut-être sonné, Ann Hidden prend la fuite. *C'était une solution à tout le moins radicale. La solution la plus simple était aussi la plus merveilleuse.* Cette fuite forme une occasion unique – angoissante et merveilleuse tout à la fois – de renaître, ou de naître enfin : de laisser cette inertie apparente déployer son secret, et ses possibles trésors.

Ann Hidden décide d'aller au bout de son désir le plus profond en renonçant au mensonge de la vie de couple. Comme Jean Deichel, elle rompt les derniers liens qui la retiennent. Elle se délivre. Elle veut changer de nom. Disparaître. Elle quitte la France. Elle voyage en Italie, où elle découvre une villa perchée au sommet d'une île dans la baie de Naples, la villa *Amalia* qui donne son nom au livre. C'est là qu'elle va renaître et trouver le bonheur. Car la villa *Amalia* se révèle être un lieu magique dont elle tombe immédiatement amoureuse. C'est un lieu qui semble l'avoir attendue depuis toujours. Le lieu où, enfin, elle va vivre *selon sa nature*, comme Sénèque le recommande à tous ceux qui recherchent la *vie heureuse*. Ann Hidden a vécu sa vie jusqu'à quarante-sept ans tel un fantôme. Son nom l'indique. En anglais, *hidden* signifie « caché ». Jusqu'à quarante-sept ans, elle a vécu invisible des autres.

La déconnexion radicale lui a permis de sortir de la tristesse de ses quarante-sept premières années, et de trouver enfin le « bonheur ». C'est dans la villa Amalia qu'elle a la révélation qui justifie son geste initial. C'est là qu'elle atteint sa vérité à elle. Il lui a fallu s'exiler hors de France et se dépouiller de ses biens pour découvrir le secret qui était en elle.

Qu'elle soit temporaire (comme chez Sylvain Tesson) ou définitive (comme chez Yannick Haenel ou Pascal Quignard), la déconnexion radicale ouvre à une vérité essentielle. Elle permet de dévoiler ce que la société moderne dissimule sous son abondance vertigineuse. Elle conduit à se « délivrer » et à connaître l'existence « absolue » (Yannick Haenel) ou à découvrir le secret de sa propre nature (Pascal Quignard). Cette idée de « délivrance » séduit aujourd'hui. « Changer de vie » est attirant. Mais si le grand changement reste un fantasme pour l'écrasante majorité de nos contemporains, les expériences semblables à celles de Sylvain Tesson apparaissent comme des solutions praticables. Séjours de silence, randonnées au sommet des montagnes, retraites au désert... Ce type d'aventures devrait séduire de plus en plus d'individus à l'avenir. Tous ceux qui pensent que ces déconnexions temporaires permettront de contrebalancer les effets négatifs de la vitesse dans la société contemporaine.

Les vertus de l'oisiveté

Peut-être aurions-nous dû commencer par là, mais l'idéal de déconnexion le plus répandu aujourd'hui est peut-être à rechercher du côté de l'oisiveté. Elle est en tout cas au cœur des aspirations des Français, comme l'a révélé une enquête Ipsos en 2012. À la question de savoir ce qu'ils feraient si leur journée était plus longue de deux heures, les Français ont répondu en premier : se reposer, se détendre, ne rien faire de spécial[1]. 36 % d'entre eux consacreraient en priorité ce surcroît de temps à *ne rien faire*. La famille (35 %) ou la promenade (28 %) sont les deux autres domaines qu'ils privilégieraient (voir tableau ci-dessous). Détail important pour mesurer l'ampleur de ce résultat : ce désir de détente et d'oisiveté faisait partie d'une liste de départ comprenant vingt-huit items différents... On y trouvait des activités très diverses, telles que faire l'amour, passer du temps avec ses amis, faire la cuisine, pratiquer un sport, lire un livre, jouer, jardiner ou travailler.

1. Ipsos, Observatoire des modes de vie et de consommation des Français, 2012.

Activités prioritaires si la journée était plus longue de deux heures...	**En %**
Vous reposer, vous détendre, ne rien faire de spécial	36
Passer du temps avec votre famille	35
Vous promener, vous balader	29
Faire l'amour	27
Passer du temps avec vos amis	26
Faire la même chose, en prenant plus votre temps	25
Dormir, faire la sieste	23
Faire du sport	23
Lire un livre	22
Faire une sortie culturelle (cinéma, théâtre, musée, concert...)	16
Faire la cuisine	12
Sortir au restaurant, dans un bar	12
Bricoler	11
Jardiner	11
Écouter de la musique	11
Pratiquer une activité artistique (musique, dessin, peinture...)	11
Regarder la TV	10

Tableau 2 – Observatoire des modes de vie et de consommation des Français (Ipsos, 2012)

Disposer de deux heures de plus et rêver de n'en rien faire est en soi un résultat qui laisse songeur. Serions-nous tous devenus des « Oblomov »[1] ? Comme ce célèbre personnage de la littérature russe, ne sommes-nous pas irrésistiblement attirés

1. Ivan Gontcharov, *Oblomov* (1859), Gallimard, « Folio ».

par l'idée de passer la plus grande partie de notre temps affalés sur un sofa ?

À la vérité, ce que révèlent les résultats de ce sondage, c'est surtout un besoin de faire des pauses plus régulièrement. De nombreuses enquêtes le confirment : les Français ont envie de dormir davantage, de faire des siestes plus régulièrement ou de s'accorder un peu plus de temps pour eux. Ils ont envie de se reposer, mais ils ne rêvent pas d'être complètement oisifs. Une autre enquête Ipsos réalisée pour NRJ en juin 2012 indique que seulement 3 % d'entre eux rêveraient de pouvoir passer le plus de temps possible à ne rien faire dans leur vie si cela leur était possible... La grande majorité aime ne rien faire, mais seulement de temps en temps.

L'oisiveté : une nécessité pour notre équilibre

Mais si l'oisiveté ne constitue pas un idéal de vie, c'est néanmoins un besoin très présent dans la société d'aujourd'hui. Le psychiatre Laurent Schmitt en est convaincu. Ce spécialiste du stress et du traumatisme pense que, pour augmenter le bien-être de nos contemporains, il faut que ceux-ci apprennent enfin à se réserver des moments d'oisiveté, des « jachères » de temps où ils ne font rien. Les temps de déconnexion sont selon lui devenus une nécessité, surtout dans le contexte actuel :

L'obligation d'en faire toujours davantage – cause de stress et de burnout – nous pousse à avoir une approche consumériste du temps. Nous en sommes devenus des dévoreurs compulsifs. On le gagne, on le comptabilise, on le rentabilise, au point que le corps finit par demander grâce[1].

Pour Laurent Schmitt, notre problème vient de ce que nous ne sommes pas assez conscients du temps qui compte vraiment pour nous. Quand nous avons du temps libre, nous cherchons par tous les moyens à le « tuer » en nous investissant dans une série d'activités ou d'occupations. Nous nous laissons facilement distraire par des loisirs qui, au fond, ne nous intéressent pas vraiment. Selon lui, reconnaître le temps qui correspond à nos aspirations profondes, le *temps intime* comme il le désigne, est une condition pour atteindre l'équilibre et éviter le stress[2]. Pour cela, il recommande de faire des pauses. Celles-ci peuvent être plus ou moins longues. On peut s'arrêter un mois, une semaine, quelques jours ou quelques instants. L'essentiel est de se fixer des temps d'arrêt pour reprendre le contrôle. Comme il le dit, il faut *s'arrêter quelques minutes, laisser filer un peu de temps pour le plaisir, histoire de tenir le stress à distance et de reprendre la main.*

Les micropauses, en interrompant une activité, permettent d'avoir une meilleure prise sur

1. « Et si on prenait du temps pour soi », entretien avec Marie-Christine Deprund, *L'Express*, 22 mars 2011.
2. Laurent Schmitt, *Du temps pour soi. Conquérir son temps intime*, Odile Jacob, 2011.

elle, de l'envisager à partir d'une position de recul, à une certaine distance. Ce temps oisif, en apparence « perdu », est en fait un précieux moyen de maintenir le cap et d'être plus efficace.

L'oisiveté maîtrisée est donc une réponse à la *fatigue d'être soi* que connaissent un certain nombre de nos contemporains. Bien dosée, elle peut libérer de nouvelles énergies et constituer un puissant élément d'intégration à la société. Considérée sous cet angle, la déconnexion est une arme pour lutter contre ce que le médiateur de la République a appelé en 2010, d'une expression dramatique et plutôt inédite pour un représentant de l'administration, la *fatigue psychique* des Français.

Vers une société de la décroissance

Dans le journal de ses six mois passés dans une cabane en Sibérie, Sylvain Tesson évoque à plusieurs reprises les idées de décroissance. Pour définir le but de son expérience, il reprend l'expression popularisée par Pierre Rabhi de *sobriété heureuse*[1]. Même s'il se défend d'appartenir à ce mouvement d'idées dont il a le plus grand mal à imaginer une traduction politique concrète, les six mois qu'il passe dans la solitude et la simplicité sont une façon pour lui, à l'échelle individuelle, de mettre en pratique cette philosophie. En renonçant à tout ce qui est superficiel, Sylvain Tesson accomplit un des objectifs assignés au mouvement décroissant par ses partisans. L'un comme l'autre, même s'ils n'évoquent pas explicitement la « déconnexion », sont convaincus que l'économie devra ralentir dans un futur proche. Ils pensent que la course à la connexion ainsi que le consumérisme technologique à tout crin seront remis en cause et qu'il faudra mettre en place des formes de

1. Sylvain Tesson, *op. cit.*, p. 48.

« déconnexion ». D'ailleurs, selon ces théoriciens, les pionniers de ce mouvement seront *sans costume cravate, ni attaché case, ni iphone*[1].

Le modèle de croissance économique actuel n'est plus tenable. Tôt ou tard, il conduira à l'échec, car il repose sur la croyance en une dynamique infinie. Si le désir de croître de l'homme est sans limite, les ressources de la planète, elles, sont limitées. Il est donc nécessaire de modifier nos habitudes de surconsommation. Le problème, c'est que nous sommes prisonniers de la logique de la croissance. Selon Serge Latouche, qui plaide pour une « sortie » de la société de consommation, nous sommes devenus des *toxicodépendants* de la croissance[2]. La boulimie consommatrice des accros des supermarchés ou des grands magasins ou le *workaholism* des cadres sont autant de symptômes de cette dépendance pathologique. Le discours de la grande majorité des responsables politiques d'aujourd'hui ne jure que par la croissance. Le raisonnement est connu : sans croissance, pas d'emplois ; sans emplois, pas de paiement des retraites ; et, au final, pas d'amélioration du niveau de vie. Tout est lié. Pour les partisans de la décroissance, il est au contraire urgent d'imaginer un autre modèle pendant qu'il en est encore temps.

1. « Le revenu garanti comme outil pour la transition vers la frugalité », Christian Arnsperger et Warren A. Johnson, in *Pour en finir avec ce vieux monde*, Utopia, 2011, p. 256.

2. Serge Latouche, *Petit Traité de la décroissance sereine*, Mille et Une Nuits, 2007, p. 37.

Pour un modèle économique équilibré

Une des raisons pour lesquelles nous avons retenu la décroissance parmi les expressions du désir de déconnexion, c'est que ses adeptes défendent l'idée de *retrouver un équilibre.* Pour les décroissants les plus convaincus, les habitants de la planète Terre ont brûlé leurs cartouches et dépassé les limites. Dès maintenant, si nous voulons préserver durablement nos « acquis », il est impératif de ralentir le rythme et d'adopter des comportements plus modérés. *La décroissance n'est sûrement pas une inversion mécanique de la croissance,* souligne Serge Latouche, *mais la construction d'une société autonome, certes plus sobre, et surtout plus équilibrée*[1].

Parmi les éléments de « déconnexion » soutenus par le mouvement en faveur de la décroissance, voici ceux qui sont censés rétablir un meilleur équilibre entre l'homme et son environnement :

Réévaluer notre façon de penser

Pour un grand nombre de partisans de la décroissance, il faut préférer l'idée de *convivialité* à l'idée de compétition. Tout part de là, selon eux. Il faut changer notre état d'esprit. Nous devons renoncer à la concurrence pour les postes, les statuts, les récompenses, et cesser de nous penser en ennemis les uns des autres. Aux

1. Serge Latouche, *op. cit.*, p. 42.

machines qui nous transforment en serviteurs, nous devons substituer, comme le suggérait Ivan Illich, auteur de *La Convivialité* (1973), des outils qui préservent notre capacité d'autonomie et d'expression libre[1].

Renoncer aux projets de développement destructeurs de la biodiversité

Il faut cesser de vouloir conquérir l'espace au détriment de la survie de nombreuses espèces animales et végétales. Maintenir la biodiversité exige que nous arrêtions les projets d'aménagement qui ont un impact négatif sur l'écosystème des espèces. Dans cette perspective, les mises en place de nouvelles infrastructures doivent être fortement diminuées et repensées. L'urbanisation doit être modérée. Là encore, il s'agit de ralentir.

Consommer moins

Le but des partisans de la décroissance est de bâtir *une société où l'on vivra mieux en travaillant et en consommant moins*[2]. Limiter la surconsommation et le gaspillage est un impératif. Paul Ariès, auteur de *No Conso*, propose une grève générale de la consommation[3]. Dans son esprit, cette grève aurait pour objectif d'en finir avec *la*

1. Alain Caillé, Marc Humbert, Serge Latouche, Patrick Viveret, *De la convivialité. Dialogues sur la société conviviale à venir*, La Découverte, p. 135.
2. Serge Latouche, *op. cit.*, p. 22.
3. Paul Ariès, *No Conso. Manifeste pour la grève générale de la consommation*, Golias, 2006, p. 231.

logique des « faux besoins » imposés par la société et la « junkproduction ». Selon lui, il faut refuser la consommation lorsqu'elle ne répond pas à de vrais besoins. Dans sa critique, il inclut le jetable, le tout-fait, la mode, le *low cost*, la grande distribution, les produits « hors-sol », les produits désaisonnalisés... Il s'agit de passer de la *consommation* à *l'usage*. Le consommateur doit être capable de se penser aussi comme *non-consommateur*. Il doit surtout se réapproprier les usages, c'est-à-dire satisfaire ses vrais besoins de façon authentique et non artificielle.

Relocaliser

Pour assurer une consommation de meilleure qualité et moins polluante, les partisans de la décroissance recommandent de produire localement ce qui est destiné à satisfaire les besoins des individus. Il faut renoncer à importer et suivre le rythme des saisons.

Limiter le tourisme de masse

Même si le voyage demeure une aspiration très forte, comme on l'a vu, il faudra bien, selon les partisans de la décroissance, réduire le nombre de nos déplacements en avion. En retour, nous aurons plus de temps pour profiter du territoire que nous habitons.

Limiter la pression publicitaire

Paul Ariès propose d'interdire la publicité sauf dans quelques endroits *réservés*. De cette façon, plaide-t-il, l'usager ne sera plus *agressé.* Les essais de limitation de l'affichage publicitaire ressemblent, dans leur inspiration, aux essais de déconnexion technologique. São Paulo a été une des premières villes à interdire l'affichage publicitaire. Depuis janvier 2007, toute forme de publicité y est interdite dans les rues et sur les édifices privés ou public en vertu d'un décret *Ciudada Limpa* (*ville propre*). Ce décret est présenté comme une initiative contre la *pollution visuelle.* D'autres villes, comme New York, ont récemment réduit le nombre de panneaux d'affichage le long de leurs routes et de leurs parcs.

Ces formes de « déconnexion » poursuivent toutes le même but : en faire moins, réduire la cadence, se mettre au diapason d'un monde « fini ». L'idéal de décroissance se présente à la fois comme une nécessité (l'homme ne pourra pas indéfiniment croître et repousser les limites) et comme un chemin vers une vie plus heureuse (ne plus chercher à avoir plus – désir voué à la frustration infinie – mais rechercher un mode de relation sobre et serein avec le monde). Toutes ces mesures visent à rétablir un équilibre dangereusement menacé par l'avidité des humains. Elles esquissent le profil d'un monde plus respectueux, plus sobre, plus convivial, en un mot : plus humain.

Se déconnecter pour se reconnecter

Il existe donc plusieurs façons de se déconnecter. Chacune apporte des bénéfices spécifiques à celui qui la pratique. Un bienfait les résume tous : la *reconnexion à soi-même.* La démarche de déconnexion s'apparente, dans les faits, à un processus de « déconnexion-reconnexion ».

Revenons un court instant à Nietzsche. Dans le texte du *Gai Savoir* où il plaide pour la construction d'espaces de déconnexion dans les villes, il explique :

> *Nous voudrions nous voir traduits nous-mêmes en pierres et en plantes, nous promener en nous-mêmes, lorsque nous circulerions dans ces galeries et ces jardins.*

Les espaces pour la méditation que le philosophe appelle de ses vœux doivent nous permettre de reprendre contact avec nous-mêmes. Méditer à l'abri du tumulte de la ville est une façon de se retrouver, de « circuler » à l'intérieur de nous-mêmes, faculté qu'il nous est impossible d'exercer quand nous sommes plongés au cœur de la multitude bruyante et pressée. Si l'on traduit l'ambition de Nietzsche en termes contemporains, on pourrait dire que ces espaces devraient avoir comme objectif ultime de nous permettre de *nous déconnecter pour nous reconnecter à nous-même.* C'est le principal bienfait d'une déconnexion réussie. Celui que nous avons pu approfondir dans les pages précédentes. Essayons d'en résumer les principales caractéristiques.

Le sentiment qui prédomine, lorsqu'on déconnecte, est que l'on reprend le contrôle. Soudainement, tout redevient à échelle d'homme. L'impression d'être dépassé, la sensation de perdre le fil, l'intuition que nous n'avons plus de prise sur la réalité, toutes ces idées qui nous habitent d'ordinaire s'atténuent. On y voit *plus clair.* C'est que, quelle que soit sa forme, la déconnexion redonne à celui qui la pratique un peu d'autonomie. De ce point de vue, la déconnexion est une étape indispensable dans nos sociétés pour ceux qui cherchent à retrouver la maîtrise de leur existence. Le nombre de personnes stressées, vivant sous la pression de l'urgence, bousculées par l'accélération continuant d'augmenter, la déconnexion apparaît comme une idée d'avenir.

Le deuxième bienfait de la déconnexion, c'est qu'elle permet de se concentrer sur la vie présente. On cesse de vivre dans la rétrospection ou la projection. À maintes reprises, nous l'avons vu, ceux qui en font l'expérience parlent de « vraie vie », de présence à soi. En se déconnectant, ils disent renaître. La déconnexion est la condition d'un processus de renaissance à la vie réelle.

Il y a aussi des bienfaits plus « pratiques », comme augmenter ou retrouver sa créativité. Les psychiatres se mobilisent de plus en plus sur le sujet. Dans nos sociétés, il faut apprendre à se fixer des temps de pause pour gagner en inspiration et en efficacité. La déconnexion, dans cette perspective, s'impose comme une nécessité pour développer des organisations performantes.

Au fond, la déconnexion est le contraire de ce que suggère sa signification première. De fait, le geste de déconnecter ne nous coupe pas du monde ; il ne nous « déconnecte » pas. En tout cas, pas de façon durable, ni de façon absolue. Au contraire, il nous remet en contact avec une dimension essentielle de nous-même et, ce faisant, il nous permet de nous ouvrir davantage au monde. Bref, de la déconnexion, on pourrait dire ce que Jean Grenier, dans *Les Îles*, dit du voyage : *On peut donc voyager non pour se fuir, chose impossible, mais pour se trouver*[1].

1. Jean Grenier, *Les Îles*, Gallimard, 1933.

La déconnexion : une pratique intemporelle

L'idée de déconnexion possède un pouvoir d'attraction d'autant plus fort qu'elle dépasse largement notre époque. Au-delà du désir de déconnexion technologique qui nous est propre, nous qui vivons au XXIe siècle, l'envie de déconnexion revient régulièrement à travers les siècles.

De ce fait, un détour par l'Histoire et, plus particulièrement par certains auteurs classiques, apparaît judicieux. Plusieurs raisons militent pour cela. D'abord, ce retour en arrière permettra de montrer que, loin de n'être qu'une réaction à la déferlante technologique, le besoin de déconnexion repose sur une dimension fondamentale de la nature humaine. Ensuite, ce détour révélera que ce besoin n'est pas nouveau puisqu'on le retrouve dès l'Antiquité. Enfin et surtout, ce détour très sélectif (le choix des auteurs retenus pourrait être aisément et considérablement élargi) va nous permettre de mieux cerner la diversité de ce qui est recherché à travers le désir de « déconnexion ». Ce désir peut prendre différents sens selon les époques et selon les contextes. Mais il y a des constantes. Chaque fois, nous le verrons, tout se passe comme s'il s'agissait de se « récupérer » soi-même, de jouir vraiment de ce que l'on est. Bref de se reconnecter à soi-même. Du coup, nous serons mieux armés pour défendre la cause de la déconnexion. Elle apparaîtra comme l'expression contemporaine d'une aspiration fondamentale et ancienne, une aspiration de toujours : le besoin de mener une *vie plus authentique*.

Un dernier mot avant d'entrer dans ce troisième chapitre. Les quatre « modèles » de « déconnexion » présentés dans les pages suivantes montrent une dynamique déconnexion/reconnexion particulièrement exemplaire. Il n'est d'ailleurs pas impossible que certains de nos contemporains découvrent dans ces différents éloges de la déconnexion une source d'inspiration privilégiée pour la conduite de leur propre vie.

Sénèque et l'oisiveté studieuse

L'idée qu'il faut, à certains moments, savoir se retirer de la course et prendre du recul est présente dès l'Antiquité. Ce que les Romains nommaient *otium* se rapproche, par certains côtés, de ce que nous appelons « déconnexion » dans cet essai. Pour bien comprendre les enjeux de cette notion, nous prendrons comme guide Sénèque (IVe av. J.-C. – 65 ap. J.-C.), car ce fut, à son époque, l'un des plus ardents défenseurs de l'*otium.* Dans le livre intitulé *De otio*, traduit souvent en français par *Du loisir*, le philosophe entend démontrer à ses lecteurs les vertus de l'oisiveté. Au moment de sa rédaction, Sénèque a lui-même renoncé à toute activité politique. Il éprouve le besoin de justifier son nouveau statut d'oisif, comme si abandonner la vie publique constituait une trahison ou, à tout le moins, un acte déshonorant dont il fallait se purger publiquement. Sénèque ne parle évidemment pas de se déconnecter, mais de *se retirer.* Et ce retrait accomplit une prise de distance, un isolement par rapport à la vie active qui concerne la majorité de ses concitoyens. Bref : une forme de déconnexion.

Selon le dictionnaire, l'*otium* désigne le « temps du repos », la « retraite », « l'inaction ». Appliqué à une chose, il suggère l'idée d'inutilité (on retrouve cette connotation dans l'adjectif « oiseux »). À l'*otium* s'oppose le *negotium* qui signifie « affaire », « occupation ». D'un côté, il y a donc la vie des affaires, le négoce, la vie où l'on poursuit des « intérêts », celle où l'on est occupé sans cesse, où il y a toujours quelque chose d'urgent à régler. De l'autre, le temps du retrait, de l'isolement, celui où l'on ne fait rien, où nous sommes libérés du travail et de ses obligations. C'est l'oisiveté. Mais attention à ne pas confondre « oisiveté » et « paresse ». Pour Sénèque, l'oisiveté est une « activité » utile. Il insiste même sur son caractère extrêmement utile. Mais utile à quoi ? À quoi sert-il de s'octroyer des temps d'oisiveté ? Ou, traduit dans des termes qui recoupent les préoccupations de cet essai, pourquoi apparaît-il nécessaire de se déconnecter ? Et pour combien de temps ?

À la lecture de son texte, dont il ne nous reste que des fragments, on s'aperçoit que Sénèque défend deux formes d'*otium*. La première est permanente ; par exemple celle du penseur qui se place volontairement en marge du monde des affaires publiques. La seconde est temporaire ; celle de l'homme d'action qui cesse momentanément son activité pour prendre un peu de recul. Penchons-nous en détail sur chacune d'entre elles.

La déconnexion permanente pour être utile aux autres

C'est une bonne chose, nous dit Sénèque, que certains ne participent pas à la vie publique et fassent de cette non participation leur profession, puisque dans toute société, il faut des penseurs. Or, pour penser sereinement, rien ne vaut la tranquillité. Pour Sénèque, l'oisiveté doit être envisagée comme un état dévolu à la recherche de la vérité et à l'accomplissement d'une œuvre. L'oisiveté paresseuse n'est pas son sujet. On peut même dire que la paresse constitue le contraire de l'*otium.* Si l'homme se retire, ce n'est pas pour ne rien faire, c'est pour mieux se consacrer à l'étude.

De fait, l'oisiveté n'est pas un vice, pourvu que celui qui s'y livre poursuive un but utile à tous : *Quel est en effet l'unique devoir de l'homme ? Être utile aux hommes.* Et quoi de plus utile que de travailler à faire avancer le savoir humain ? Se perfectionner par l'étude, c'est aussi perfectionner l'esprit de la communauté qui ne manquera pas d'en tirer bénéfice. Réfléchir sur des sujets aussi divers et nobles que les origines de la vertu, l'essence de la Nature ou les lois de l'univers, est un moyen de *servir la grande République*, écrit Sénèque. La politique exige de la hauteur. À quoi bon se vouer à la vie publique si c'est pour demeurer les yeux rivés au sol, *et ne jamais se donner le temps d'élever son regard de l'homme à la divinité ?* Le penseur produit des œuvres utiles à ceux qui ont choisi l'action : des œuvres qui les inspirent en leur rappelant les grandes directions à suivre pour l'humanité.

Dans ces quelques pages, Sénèque célèbre donc l'oisiveté comme une activité studieuse, complément indispensable de l'action publique. L'*otium* n'a pas grand-chose à voir avec l'inaction. La contemplation est une occupation qui requiert le repos mais qui ne s'y réduit pas, bien au contraire. Sénèque ne conçoit pas que le loisir dont il fait l'éloge puisse être autre chose qu'une dévotion aux vertus, et une recherche active de la sagesse. L'inaction est un moyen, pas une fin. Le repos convient à l'homme de bien, au philosophe qui s'adresse, dans le silence de son cabinet, aux *siècles futurs*, bâtissant l'avenir, jetant des ponts entre théorie et pratique. Le penseur travaille pour la postérité : ses études ne doivent pas seulement éclairer ses contemporains, mais aussi les générations futures.

Cléanthe, Chrysippe, ou Zénon, dont Sénèque fut le disciple, ont vécu eux-mêmes loin des affaires. Chacun poursuivait une fin bénéfique. *Ils ont trouvé moyen de rendre l'oisiveté d'hommes comme eux plus utile à l'humanité que toute l'agitation et la sueur des autres.* Une expression de Sénèque pour les décrire est révélatrice : ils furent en tout point *très actifs*. Du fond de leur retraite « active », ils ont peiné à l'édification d'un savoir utile. On le comprend à présent. L'*otium* est affaire de gens qui pensent. La noblesse de l'oisiveté, c'est le travail intellectuel.

De la déconnexion temporaire pour être plus efficace dans son action

Mais l'oisiveté peut aussi se révéler bénéfique même si l'on n'exerce pas la profession de penseur ou d'homme de lettres. L'homme d'action, lui aussi, a besoin de se « déconnecter ». Pour Sénèque, l'oisiveté comporte une dimension précieuse pour l'homme d'action. Elle lui permet de prendre du recul. Ce faisant, elle le délivre du jugement des foules, souvent tyrannique. Grâce à elle, sa réflexion est autonome ; elle est libre de l'influence des préjugés ; elle peut se développer sereinement. Dans le silence de la retraite, les engouements passagers propres à la multitude s'évanouissent sans laisser de traces. Une certaine dose d'oisiveté est donc recommandée aux hommes d'action : elle raffermit les convictions, élimine les erreurs engendrées par trop d'empressement, permet de peser calmement le pour et le contre et aide à mieux prendre les décisions importantes. *Isolés, nous serons meilleurs* écrit Sénèque. Dans la solitude, nos idées gagnent aussi en continuité, car nous prenons le temps de chasser les incohérences héritées du manque de concentration qui domine la vie affairée. Nous apprenons à penser à long terme et à garder la vision du cap à suivre. L'homme d'action doit donc de temps en temps pratiquer des « retraites ». En augmentant sa perspicacité, celles-ci rendront son action encore plus efficace.

Cette deuxième conception de l'*otium* – définie comme une pause salutaire dans l'agenda de la vie affairée – est évidemment très proche des exemples de déconnexion que nous avons pu rencontrer dans le deuxième chapitre de cet essai. Sénèque est, de ce point de vue, un penseur très actuel. Ses recommandations sont peut-être encore plus appropriées aux existences hyper-actives que nous menons aujourd'hui. Bien sûr, on peut se demander si toute retraite (ou déconnexion) doit comporter une dimension « studieuse ». Pour déconnecter, nous ne sommes pas obligés de nous plonger dans les livres. D'autres loisirs peuvent nous aider à mieux pratiquer nos « affaires » : les sports, la cuisine, une activité artistique... Mais il est vrai que le loisir lettré a des vertus uniques. Par exemple, permettre de ralentir notre propre rythme et nous obliger à la concentration. Lire permet de reprendre le contrôle de sa propre pensée en la faisant « travailler » et en enrichissant ses connaissances. En modifiant notre rapport au temps, la lecture nous oblige à le remettre en question, et à mieux le maîtriser. Aujourd'hui, face à la multiplication des lectures fragmentaires, celles que l'on pratique grâce aux hyperliens sur internet, la lecture d'un livre, au contraire, oblige à une forme de discipline qui peut s'avérer salutaire pour notre bien-être intellectuel et... certaines de nos performances professionnelles.

La leçon de Sénèque est celle d'un lettré humaniste. Elle est empreinte du sérieux qui sied à ceux qui recherchent la sagesse. Mais il est tout aussi vrai que la déconnexion peut être envisagée de manière moins austère : plus légère, plus sensuelle. C'est ce que nous allons voir à présent avec Rousseau.

Rêver avec Rousseau

Nul n'aurait souscrit avec plus d'enthousiasme à la proposition de Nietzsche de créer des espaces dédiés à la méditation dans les villes que Jean-Jacques Rousseau (1712-1778). L'auteur des *Confessions* aimait particulièrement s'isoler du tumulte des foules. Mais plutôt que la méditation, Rousseau aurait peut-être préféré y pratiquer la rêverie. Il savait bien, lui qui s'y adonnait depuis l'enfance, que celle-ci a besoin de retraite pour s'épanouir. On ne rêve aisément que *partout où l'on peut être tranquille*, écrit-il dans les *Rêveries du promeneur solitaire*. De son vivant, c'est dans l'île Saint-Pierre qu'il rêvait le mieux.

La rêverie est la dernière grande passion de Rousseau. Au couchant de sa vie, convaincu que le genre humain lui a définitivement tourné le dos, il retranscrit dans ses célèbres *promenades* le bonheur que cette activité de l'esprit lui procure.

Pourquoi convoquer Rousseau dans un essai sur la déconnexion ? C'est très simple : la rêverie est une forme de déconnexion. Une des plus merveilleuses qu'un être humain puisse goûter sur la terre selon Rousseau. Surtout, elle paraît aujourd'hui d'une grande actualité. Nous qui sommes entourés de machines calculant sur chaque sujet la performance optimale ; nous qui avons les yeux rivés sur des écrans microscopiques ; nous qui avons pris l'habitude de nous déplacer avec un GPS ; peut-être avons-nous besoin de réapprendre à rêver un peu...

La rêverie : l'apothéose des sensations

Par rêverie, il faut bien sûr entendre une activité que l'on pratique en état de veille. La rêverie n'est pas le rêve, mais ce qui survient dans les moments de veille quand on accepte de laisser son esprit libre de toute contrainte. La rêverie est un exercice solitaire. Rousseau ne cesse d'exalter les bienfaits de la solitude. Lui-même vivait comme un être persécuté par les hommes. Pour bien rêver, l'idéal est de s'isoler dans la nature. Il faut en effet pouvoir ôter le masque derrière lequel on est obligé de se cacher lorsqu'on est dans la société civile.

Pour un être qui pense, la rêverie est l'ancêtre de la déconnexion. Rêver n'est pas penser. À l'ordre linéaire de la pensée, s'oppose l'enchevêtrement déréglé de la rêverie. D'ailleurs, parler de rêverie au singulier est inexact. On ne s'adonne pas à une rêverie, mais à un ensemble de rêveries qui jaillissent sans suite, l'une succédant à l'autre sans autre ordre que celui du plaisir de l'esprit vagabond. La rêverie est le règne du *sentir* par opposition à celui du *penser*. Dans un sens, la rêverie marque l'apothéose de la sensation. À la discipline de la pensée méditante, elle oppose la spontanéité des sentiments. Nulle contrainte de structure à respecter, ni besoin d'échafauder une démonstration. *La rêverie me délasse et m'amuse*, confie Rousseau, *la réflexion me fatigue et m'attriste ; penser fut toujours pour moi une occupation pénible et sans charme*[1]. Aveu saisissant quand on songe que Rousseau est, entre autres, l'auteur du *Contrat social*, œuvre philosophique ayant eu une influence majeure sur la Révolution française, ou de *L'Émile*, copieux essai pédagogique, devenu un classique de la pensée sur l'éducation... Mais on se tient très loin des traités quand on rêve. Et c'est cela qui est bien selon Rousseau. Pour lui, chaque rêverie est un chemin qui ne mène nulle part, mais offre à celui qui l'emprunte une satisfaction délicieuse. Il lui permet de connaître des *extases qui passent toute autre jouissance*. La rêverie est une *dérive*.

C'est que la rêverie est sans objet. Elle consiste en un mouvement de l'esprit dont la seule règle est celle du plaisir. En conséquence, la rêverie ne peut être que subjective. Elle exprime l'idiosyncrasie. Quand quelqu'un la pratique, les images qui s'entremêlent en son for intérieur proviennent de sa propre histoire, de ses préférences, de

1. Jean-Jacques Rousseau, *Les Rêveries du promeneur solitaire*, Gallimard, 1972, « Folio », 2011, p. 153.

sensations qui lui sont agréables. La rêverie, *a priori*, ne vise pas l'universel. Elle est individualiste par essence. Pour un penseur adepte des théories, la rêverie est un délassement, une récréation. En un mot, une *déconnexion.*

La déconnexion-reconnexion façon Rousseau

Mais l'originalité de la rêverie chez Rousseau, c'est qu'il la définit comme subjective *et* universelle à la fois. Le bénéfice ultime (et grandiose) de la rêverie telle que la pratique Rousseau, est ce fameux *sentiment de l'existence* qui a donné naissance à ses pages les plus célèbres. C'est qu'en rêvant se produit un délicieux paradoxe : au moment même où l'on oublie le *monde* (le monde des hommes), on se connecte au *Monde*, on éprouve la joie de s'unir à la nature dans une sensation qui se prolonge et qui est à l'origine de ce que Rousseau appelle le *bonheur*. On retrouve ce mouvement si caractéristique de ce que nous avons appelé au chapitre II une « déconnexion-reconnexion ».

> *Je ne médite, je ne rêve jamais plus délicieusement que quand je m'oublie moi-même. Je sens des extases, des ravissements inexprimables à me fondre pour ainsi dire dans le système des êtres, à m'identifier avec la nature entière*[1].

1. Jean-Jacques Rousseau, *op. cit.*, p. 159.

C'est en déconnectant son esprit des activités structurantes de la théorie et en le livrant au hasard des émotions qu'on se rend disponible à un accord profond avec le monde. La rêverie de Rousseau ouvre vers une dimension nouvelle de l'existence – une dimension essentielle dans la mesure où elle rend possible l'unité de soi et du monde. Rousseau suggère que, dans ces moments-là, le rêve peut devenir plus fort que la réalité. Il *est* la réalité. C'est dans la déconnexion d'avec la pensée qu'est rendue possible l'atteinte de soi-même. La dérive est au service du *sentiment d'exister*, elle le rend possible, le favorise, le suscite. La dérive est un chemin vers soi-même.

Au fond, on peut dire de la rêverie telle que la définit et la pratique Rousseau ce que Goethe dit de l'art :

> *On ne saurait plus sûrement échapper au monde que par l'art ; et l'on ne saurait plus sûrement s'unir à lui que par l'art.*

C'est la singularité de l'art et de la rêverie. C'est le paradoxe du mouvement de la « déconnexion-reconnexion ». Il faut fuir le monde pour mieux l'embrasser. Avec un peu d'ironie, et tout en suivant ces deux grands génies qu'étaient Goethe et Rousseau, on pourrait presque conclure : les personnes déconnectées sont aussi celles qui sont le plus connectées au monde...

Jean Grenier, dans sa préface aux *Rêveries du promeneur solitaire*, indique que Rousseau fait l'éloge de la passivité. Mais celle-ci, souligne-t-il, n'a rien à voir avec le *non agir* des Orientaux. La passivité chez Rousseau ne vise pas à une sorte d'extinction du moi. C'est au contraire le chemin qui mène à une certaine vérité de soi. C'est en suivant le caprice de ses rêveries que l'on atteint une forme de sentiment de soi qui engendre un profond contentement. Jean Grenier conclut lumineusement : *Le promeneur solitaire ne cherche pas, lui, à s'évader de l'existence, ni pour l'abolir ni pour la sublimer. Il veut y demeurer et y établir son bonheur.*

Il est intéressant de noter qu'au siècle des Lumières, le siècle de la Raison souveraine, Rousseau fait l'éloge du sentiment, du rêve, du caprice, de la *dérive.* Sa leçon est toujours valable aujourd'hui. Elle l'est même encore plus, serait-on tenté d'ajouter, dans la mesure où nous vivons dans le siècle de la technologie et des réseaux, le siècle de la raison calculante. Se déconnecter, c'est se déconnecter d'une forme de rationalité, celle des machines qui optimisent tout.

Écoutons-le. Rousseau nous dit qu'un des chemins les plus sûrs vers soi-même, ce n'est pas à travers la réflexion rationnelle que nous y accédons, c'est à travers l'émotion du retour à la nature originelle.

La vie simplifiée d'Henry David Thoreau

On connaît dans ses grandes lignes l'histoire de *Walden ou la vie dans les bois.* Nous sommes en 1845, dans l'État du Massachussetts. Henry David Thoreau (1817-1862) quitte la ville pour s'installer au milieu des bois. Il se retire dans une cabane qu'il construit lui-même près de l'étang de Walden. Par ce geste, Thoreau accomplit en quelque sorte le rêve de Rousseau : fuir la civilisation pour vivre au plus près de la nature. Il y restera deux ans.

Simplifier sa vie

L'origine de son départ en forêt repose sur une conviction : plus on possède de biens et moins on jouit de ce que l'on a. Quand on a trop de choses, en effet, on ne sait plus où donner de la tête, on se disperse et, à la fin, forcément, on est frustré. Surtout, plus on possède de biens et moins on *voit.* L'abondance nous empêche d'apercevoir ce qui est essentiel.

Disposer de nombreux biens nous rend de moins en moins aptes à distinguer entre les choses superficielles et ce qui compte vraiment pour nous :

> *Le luxe, en général, et beaucoup du prétendu bien-être, non seulement ne sont pas indispensables, mais sont un obstacle positif à l'ascension de l'espèce humaine. Au regard du luxe et du bien-être, les sages ont de tout temps mené une vie plus simple et plus frugale que les pauvres*[1].

Les vraies richesses, nous les portons en nous, elles sont *« intérieures »*. Ce qu'il faut, c'est faire ce que Susan Maushart a fait en rangeant dans les placards tous ses appareils technologiques pendant six mois : *« Simplifiez, simplifiez. »* L'ennemi, ce sont toutes ces petites choses qui nous empêchent de vivre vraiment : *Notre vie se gaspille en détails*[2].

Comment faites-vous pour vivre sans confort ? lui lance-t-on de temps en temps. Sa réponse : *J'aime la vie comme elle est*[3]. Son geste de rupture radicale a précisément ce but : revenir à l'essentiel. En quittant la ville pour la forêt, Thoreau est allé vivre hors de la civilisation, comme le premier homme, en recommençant lui-même les grandes étapes de l'humanité (essai d'autosuffisance alimentaire, construction de sa propre maison, apprentissage de la vie naturelle...). Une chose est sûre selon Thoreau, et il ne cesse de le

1. Henry David Thoreau, *op. cit.*
2. *Ibid.*, p. 107.
3. *Ibid.*, p. 156.

répéter dans son livre : pour atteindre ce qui nous est essentiel, il ne faut se laisser influencer ni endormir par aucune habitude, ni aucun préjugé. Thoreau refuse *a priori* le mode de vie de ses contemporains car il est convaincu qu'il ne lui correspond pas. En outre, il pense également qu'il ne leur correspond pas non plus... Ses contemporains l'ont adopté sans se poser de questions, pour des raisons de confort.

> *Je gagnai les bois parce que je voulais vivre suivant mûre réflexion, n'affronter que les actes essentiels de la vie, et voir si je ne pourrais apprendre ce qu'elle avait à enseigner, non pas, quand je viendrais à mourir, découvrir que je n'avais pas vécu*[1].

Thoreau est un authentique Américain. Pour lui, rien n'est jamais figé. Tout peut être remis en question. L'homme doit être en mesure de choisir sa vie et de vivre selon la vérité qu'il porte en lui.

La déconnexion comme éveil

Dans sa cabane, il habite avec les oiseaux qui viennent régulièrement le visiter. Il se lève tôt pour aller se baigner dans l'étang et profite des spectacles splendides du lever du jour. Il y a des pages très belles dans *Walden* sur le réveil de l'homme qui dort dans les bois. Une sensation

1. *Ibid.*, p. 107.

« cosmique » l'envahit le matin. Et puis surtout, le matin est le symbole de sa vie nouvelle d'homme « éveillé ».

> *Tous les événements notables ont lieu en temps matinal et dans une atmosphère matinale.* [...] *La poésie et l'art, et les plus nobles comme les plus notables actions des hommes, datent de cette heure-là*[1].

Cette observation vaut au sens propre et au figuré. L'expérience de Thoreau est aussi une façon de se placer à l'aurore du monde, au moment où la civilisation n'a pas encore fait son œuvre. Cette position invite à tout reconsidérer d'un œil neuf et critique, et à ne retenir que ce qui est vraiment important pour soi-même.

Comme Rousseau, Thoreau s'adonnait à la rêverie en solitaire. Il n'était pas rare qu'après le bain matinal dans l'étang il restât des heures sur le seuil de sa maison à contempler le paysage, *perdu en rêve, au milieu des pins.*

Cette retraite, authentique expérience de déconnexion, s'apparente à une forme d'aurore. Elle faisait l'admiration de certains de ses contemporains qui avaient bien compris le projet de Thoreau. Harrison Blake, par exemple, écrit à Thoreau, en mars 1848 : *Je vous respecte et vous admire parce que vous vous abstenez d'agir et que vous ouvrez votre âme afin de pouvoir, en quelque sorte,* être. *Dans ce monde peuplé d'acteurs ternes et bruyants, il y a une certaine noblesse à*

1. *Ibid.*, p. 105.

s'écarter et à déclarer : je vais tout simplement être[1].

Que fuit Thoreau précisément ? Il fuit ce qui est déjà, en quelque sorte à l'état embryonnaire, le monde d'aujourd'hui. Car les hommes qu'il a devant lui, nous les avons nous aussi devant nous. Nous sommes les descendants de ces hommes assoiffés d'informations que Thoreau décrit. Quand ses contemporains ont fait un somme d'une demi-heure après le dîner, raconte-t-il dans son livre, ils dressent immédiatement la tête et demandent : *quelles sont les nouvelles ?* L'addiction à l'information ne date donc pas du temps des blogs et des flux RSS. Elle existait déjà au XIXe siècle. Outre cette absurde dépendance aux informations, Thoreau fuit des comportements gouvernés par l'empressement, la vitesse :

> *Pourquoi vivre avec cette hâte et ce gaspillage de vie ? Nous sommes décidés à être réduits par la faim avant d'avoir faim. Les hommes déclarent qu'un point fait à temps en épargne cent, sur quoi les voilà à faire mille points aujourd'hui pour en épargner cent demain*[2].

À la recherche d'un point d'appui

Le but de la déconnexion façon Thoreau est de faire le vide autour de soi : faire taire les

1. Henry David Thoreau, *« Je suis simplement ce que je suis », Lettres à Harrisson G.O. Blake*, Finitude, 2007, p. 14.
2. *Ibid.*, p. 109.

préjugés, renoncer aux habitudes faciles et aux traditions jamais questionnées. Extraire, extirper la « réalité » de tous les mensonges qui la recouvrent. Et, grâce à tout cela, découvrir le point à partir duquel se construire soi-même. C'est ce fondement, celui à partir duquel on va construire sa vie, qui justifie toute l'expérience de Thoreau. Se retirer dans la forêt n'a de sens que si cet acte radical ouvre le chemin vers soi-même que les « mensonges » de la ville empêchaient de prendre. Thoreau a des phrases superbes pour congédier la technologie de son temps. Celle-ci peut bien attendre, car à quoi bon se précipiter derrière chaque nouvelle performance si l'on ne sait pas où l'on va ?

> *Si la locomotive siffle, qu'elle siffle à en perdre la voix pour sa peine. Si la cloche sonne, pourquoi courir ? Nous réfléchirons à quelle sorte de musique elles ressemblent. Halte ! et là en bas faisons jouer nos pieds et se frayer un chemin à travers la fange et le gâchis de l'opinion, du préjugé, de la tradition, de l'illusion, de l'apparence, cette alluvion qui couvre le globe, à travers Paris et Londres, à travers New York et Boston et Concord, à travers Église et État, à travers poésie et philosophie et religion, jusqu'à ce que nous atteignions un fond solide, des rocs en place, que nous puissions appeler* réalité, *et disions : Voici qui est, et qui est bien ; sur quoi commencez, ayant un point d'appui, au-dessous de la crue et du gel et du feu, une place où vous puissiez fonder un mur ou un État* [...][1].

1. *Ibid.*, p. 115.

La déconnexion vécue par Thoreau dans les bois de Walden marque une étape fondatrice dans la vie d'un individu. Elle a une fonction régénératrice. À nous, contemporains, elle enseigne à nous méfier des modes de vie dominants. Elle nous incite à les regarder sous un angle critique et à nous poser une simple question : suis-je vraiment certain que ces modes de vie contribuent à mon épanouissement personnel ? Suis-je vraiment moi-même en les adoptant sans y réfléchir ? Bien sûr, on imagine mal chaque individu retournant aujourd'hui dans les bois pour s'interroger sur le sens de sa vie. Mais l'exemple et la lecture de Thoreau sont là pour nous rappeler, bien des siècles après Sénèque, l'importance qu'il y a, à un moment de notre vie, de faire un pas de côté. Et de déconnecter un peu. C'est une façon de maintenir intacte notre humanité.

L'art de l'interruption selon Hermann Hesse

Il paraît évident qu'Hermann Hesse (1877-1962), comme Rousseau, aurait souscrit à la proposition de Nietzsche d'édifier dans nos villes des espaces de déconnexion. Pour celui qui reçut le prix Nobel de littérature en 1946, les endroits où faire halte et prendre le temps de méditer ou de rêver répondaient à un réel besoin. Ces lieux, il aurait même fallu les multiplier selon lui. *L'un des messages urgents de cette œuvre*, selon Bertrand Levy, fin connaisseur de l'écrivain allemand, *appelle l'homme à se ménager des espaces de respiration, sans quoi il dépérit*[1].

De fait, Hermann Hesse se sentait mal à l'aise dans le monde du début du XXe siècle, ce monde où les machines ne cessaient chaque jour d'augmenter leur pouvoir en incitant les individus à aller toujours plus vite. Il est difficile d'imaginer à cette époque plus critique de notre modernité qu'Hermann Hesse : *Le monde moderne que*

1. *Le Magazine littéraire*, n° 318, février 1994.

j'associe à la culture machiniste me dégoûte, ce sentiment est si fort que j'évite autant que possible de me conformer à ses lois[1]. Hermann Hesse ne supportait pas le téléphone, car celui-ci pouvait troubler à n'importe quelle heure de la journée la tranquillité de chacun. Que dirait l'auteur du *Loup des steppes* s'il revenait aujourd'hui parmi nous !

Au fond, Hermann Hesse est un précurseur des mouvements contemporains qui font l'apologie du *slow*. Lui aussi cherche à ralentir le rythme. Lui non plus ne tient pas à ce que les prouesses des ingénieurs lui dictent son mode de vie. Là où il nous intéresse particulièrement, c'est quand il perçoit avec lucidité les effets pervers des techniques modernes sur les façons de vivre. Il devine les écueils qui leur sont liés et imagine les moyens sinon de les éviter, du moins de les tenir à distance. Ce qu'il préconise, ce sont des moments de déconnexion, et ce dont il rêve, parfois, à travers certains personnages de ses romans, c'est d'une vie totalement déconnectée...

Triomphe de la vitesse, déclin de la joie de vivre

Mais commençons d'abord par rappeler le diagnostic établi par l'auteur de *Siddhârta*. Pour Hermann Hesse, le culte de la vitesse qui se développe dans le monde moderne est

1. Hermann Hesse, *Le Voyage à Nuremberg*, 1927.

responsable du déclin de la joie de vivre qu'on y observe simultanément. Le premier est la cause du second. Dans le récit de ses voyages à travers l'Allemagne du Sud, il observe que nous sommes devenus impatients depuis que nous avons adopté la devise selon laquelle il est bon de *faire le maximum en un minimum de temps.* Aujourd'hui, nous dit-il (nous sommes en 1927), *il faut suivre le mouvement, être à la page, se maintenir au sommet*[1]. Le résultat d'un tel état d'esprit est visible partout dans les villes : c'est avec fébrilité que nous faisons les choses et c'est exténués que nous finissons nos journées ! Hermann Hesse assiste en direct à l'émergence d'une situation dont nous ne sommes toujours pas sortis : le manque de temps est devenu un mal chronique. Car, en nous pressant toujours davantage pour effectuer nos tâches, nous perdons aussi en chemin la joie qu'il y avait jusque-là à les accomplir.

Mais ne peut-on pas trouver du plaisir dans la vitesse ? N'y a-t-il pas une jouissance à gagner du temps, à dépasser les autres, à accélérer ? Participer pleinement à son époque, n'est-ce pas aller plus vite, toujours plus vite ? Tel n'était pas, en tout cas, l'avis d'Hermann Hesse. C'est qu'aller vite altérait selon lui notre capacité à nous émerveiller et, par contrecoup, à nous réjouir de nos propres activités. Hermann Hesse

1. Hermann Hesse, *L'Art de l'oisiveté*, Calmann-Lévy, 2002, p. 14.

pensait que beaucoup de ses contemporains se compliquaient l'existence en poursuivant les chimères vantées par les nouvelles techniques. Pauvres hommes, semblait-il penser. Ils oublient de savourer les plaisirs de l'existence. Pourtant, comme Thoreau l'avait déjà écrit, l'émerveillement tient à très peu de choses. Les plus belles sont souvent les plus simples : *La vision d'un pan de ciel bleu, d'un mur de jardin sous les branchages verts, d'un cheval robuste, d'un beau chien, d'un groupe d'enfants, d'un beau visage de femme*[1].

L'art de l'oisiveté

Alors comment faire pour préserver notre ouverture à la beauté du monde ? Pour Hermann Hesse, c'est seulement en reconnaissant l'importance du repos qu'on rendra leur joie de vivre à ses contemporains. De là l'urgence à mettre en place un véritable *art de l'oisiveté*. Il faut réhabiliter cette pratique que connaissaient nos ancêtres mais qui est tombée en désuétude dans le monde occidental.

Que nous dit Hermann Hesse ? Qu'il ne faut pas avoir peur de l'oisiveté. Les temps morts font partie d'un rythme de vie équilibré. Il ne faut pas les fuir, comme font certains, angoissés à l'idée de se retrouver seuls en face d'eux-mêmes. Hermann Hesse défend le principe d'une société

1. *Ibid.*, p. 17.

où *l'interruption* est reconnue comme une nécessité pour le développement de la personnalité. Ce qu'il appelle *interruption*, ce sont ces moments de vide, d'attente, d'inactivité fréquents dans la vie d'un artiste. Quand il ne crée pas, l'artiste se retrouve en effet souvent désœuvré. Pour Hermann Hesse, ce désœuvrement ne doit pas être vécu comme un problème, mais comme un élément naturel qui a toujours existé : *Les artistes ont également toujours eu besoin de moments d'oisiveté*[1]. Fait important à souligner : cette situation ne concerne pas seulement les artistes. Personne ne crée, n'agit, ou n'accomplit une chose de façon continue. Les moments de déconnexion sont en quelque sorte inscrits dans la nature de nos existences. Vouloir réduire ces moments pour leur substituer un temps « utile » ou « productif » est une erreur profonde. C'est ignorer la nature authentique de l'être humain. L'oisiveté fait pleinement partie d'une vie active. S'interrompre est un besoin et une condition des succès futurs. Car, et c'est là où Hermann Hesse nous intéresse, quand on ne fait rien, écrit-il, on continue à faire quelque chose. Notre esprit se repose ou contemple. Il est disponible. Il absorbe sans même s'en apercevoir des éléments qui reviendront sous une forme « productive » pendant le temps d'activité.

En conséquence, non seulement il ne faut pas redouter les moments d'inactivité, mais il faut

1. *Ibid.*, p. 23.

les rechercher. Ce sont des moments précieux. Hermann Hesse veut faire prendre conscience à ses contemporains de la valeur de l'oisiveté. À des siècles de distance, il renoue avec Sénèque. Mais contrairement à lui, il ne recommande pas d'étudier pendant ses moments de déconnexion. Que l'oisiveté soit un moment utile, on ne le sait pas toujours au départ. Les bienfaits d'une déconnexion réussie, c'est qu'elle enrichit l'individu même lorsque celui-ci ne produit rien. Il ne sait donc jamais, sur le moment, ce que cela donnera... Le fruit de ces moments d'interruption viendra plus tard.

Éloge de la lenteur

Outre l'interruption régulière, Hermann Hesse recommande aussi de vivre lentement :

> *Je préfère prendre une semaine pour effectuer un déplacement qu'un autre accomplira en un jour et une nuit*[1].

Est-on capable de comprendre pareille phrase aujourd'hui ? Était-on capable de la comprendre à son époque ? Il lui fallait douze jours pour atteindre Berlin là où d'autres auraient expédié ce parcours en moins de deux... Pourquoi douze jours ? Parce qu'il découpait le trajet en petites séquences et que ces haltes régulières lui permettaient d'apprécier le voyage en le rendant

1. Hermann Hesse, *Le Voyage à Nuremberg*, *op. cit.*

supportable. D'une manière générale, écrit Hesse, mieux vaut faire les choses lentement, à son propre rythme, plutôt que de succomber à cette nouvelle religion, sous influence américaine, selon laquelle *le temps est de l'argent.* Pendant ces haltes qui certes ralentissent le voyage, le voyageur profite pleinement de la nature, des paysages ou des villes. Il peut *découvrir.* L'éloge de la lenteur de l'écrivain allemand fait penser à ceux qui aujourd'hui plaident pour le *slow ski.* Ils encouragent les skieurs à prendre leur temps, à s'arrêter quand ils le désirent pour contempler le paysage autour d'eux, à ne pas expédier à la va-vite leur repas, à en profiter au contraire pour savourer une spécialité du coin, déguster un bon vin, échanger avec leurs compagnons de route, etc. Le ski est pour eux un art de vivre. Comme l'auteur du *Voyage à Nuremberg*, ce sont des hédonistes adeptes de la philosophie du *carpe diem.* Le ski doit nous permettre de nous libérer de la tyrannie de la vitesse.

Les individus déconnectés sont les plus connectés

Et si, tout compte fait, les êtres déconnectés étaient ceux qui, parmi nous, demeuraient les plus connectés au monde ? Nous avons rencontré plusieurs fois ce paradoxe au cours de cet essai. Il semble bien que c'était là aussi une conviction d'Hermann Hesse. Les êtres « déconnectés » sont des personnages récurrents dans ses romans. Il aimait en particulier les vagabonds, dont il admirait la liberté.

De tous les vagabonds qu'il a dépeints, Knulp est peut-être le plus emblématique[1]. Dans le roman qui porte son nom, on découvre un homme à fière allure, les mains propres, l'habit soigné. Il possède une élégance naturelle, un tact qui plaît aux femmes. C'est un oisif qui se promène tout le jour et va de porte en porte pour trouver le gîte. Il est toujours de bonne humeur, peut-être parce qu'il n'est pas soumis à la tyrannie du labeur. C'est un homme libre, qui n'a pas d'enfant à charge, qui vit au jour le jour, préoccupé par son plaisir dont le plus grand est de marcher, d'errer dans les villes en conversant avec les gens. En général, les habitants qu'il croise l'envient. Ils envient cette insouciance du vagabond, surtout ceux qui, comme le tanneur, croulent sous le travail. Knulp est un vagabond volontaire. Il aurait pu faire carrière comme le remarque un de ses amis : *Et dire que tu pourrais être patron depuis longtemps et bien plus avancé que moi, si seulement tu avais voulu.*

Knulp est ce qu'on pourrait appeler un être « déconnecté ». Il incarne la version extrême d'un individu qui vivrait une vie totalement déconnectée. Ce que Hermann Hesse veut montrer, c'est que lui seul est connecté aux choses qui comptent vraiment. Knulp est resté un

1. Hermann Hesse, *Knulp*, Paris, Calmann-Lévy, 1949.

enfant très attentif aux couleurs du ciel. Knulp est un spectateur. Il passe sa vie à observer les êtres et les choses. Pour lui, chaque jour est *un dimanche.* Il reste ainsi ouvert aux opportunités offertes par la vie. Sa joie de vivre naît de l'absence totale de contraintes. Il n'est connecté à rien durablement, mais il est connecté à tout dans l'instant. Ce qui séduit chez lui est précisément cette condition inaccessible à la plupart des hommes : il n'est lesté d'aucun poids, ni celui du souvenir, ni celui du projet. À travers les choix radicaux qu'il a faits, il nous rappelle que lâcher prise, parfois, a du bon. Si nous ne pouvons pas, comme lui, renoncer à tous nos engagements, faisons de temps en temps au moins ce qui fait naître sur son visage ce si joli sourire. Faisons une pause. Étendons-nous sur le sol et laissons nos pensées se mouvoir au rythme des métamorphoses des nuages. Ainsi aurons-nous peut-être nous aussi, à notre tour, la joie de connaître ce délicieux sourire.

À la recherche de la vie authentique

Dans le deuxième chapitre, nous avons vu que les désirs de déconnexion tels qu'ils s'expriment aujourd'hui sont, la plupart du temps, des essais de reconnexion à soi-même. On ne se déconnecte pas seulement pour faire une pause et souffler. On s'interrompt en chemin pour reprendre en main une existence que l'on sent peu à peu nous échapper. Ce détour par quelques auteurs classiques nous permet d'approfondir cette idée et de la préciser en ces termes : la déconnexion est avant tout l'expression d'un désir de vivre de *façon authentique*. L'ère de la connexion généralisée, en nous plongeant dans un flux d'informations continu, nous empêche de vivre selon notre bon vouloir. Nous sommes sans cesse sollicités et, dans cette hyper-sollicitation, nous oublions l'essentiel.

Tous les auteurs que nous venons brièvement de parcourir disent la même chose. La « déconnexion », mot qu'aucun d'entre eux n'utilise, exprime pourtant bien ce qu'ils décrivent comme la meilleure façon d'atteindre une forme de vie authentique – même si chacun en a une vision différente. Selon Sénèque, la retraite studieuse, en nous déconnectant des affaires courantes, et en nous donnant le temps d'étudier sans nous précipiter ni être interrompu par des obligations urgentes, nous permet de mener une vie plus sage. Rousseau, lui, nous incite en plein siècle des Lumières à laisser les sensations prendre le dessus sur la raison et à retrouver ainsi une forme de bonheur libre de toute contrainte. La rêverie qu'il célèbre, en nous déconnectant du *monde* nous reconnecte au *Monde.* Au siècle suivant, Thoreau nous recommande de fuir la comédie humaine pour nous trouver nous-mêmes. Simplifiez votre vie nous conseille-t-il, débarrassez-vous du superflu et, ainsi allégés des artifices et des mensonges de la vie sociale, écoutez au plus profond de vous. C'est ainsi, assure-t-il, que vous *renaîtrez* avec un sentiment de bonheur et de plénitude profond. Vous aurez enfin le sentiment d'être « réel ». Un peu plus tard, aux abords du XXe siècle et de ses innovations techniques de plus en plus prégnantes dans la vie quotidienne, Hermann Hesse vante les vertus de pauses oisives et régulières. N'ayons pas peur de l'inaction, nous dit-il. Ceux qui nous demandent d'aller toujours plus vite et de ne pas gaspiller une seule minute de notre temps passent à côté de la part la plus belle de la vie. Celle-ci n'est véritablement accessible qu'à ceux qui savent s'interrompre dans leur activité ou ralentir leur rythme.

En définitive, la leçon se répète à travers les siècles. La conclusion, c'est celle que ressent de façon croissante un grand nombre de nos contemporains plongés dans l'apparente euphorie technologique : on ne peut durablement rester soi-même si l'on ne s'octroie pas des moments de déconnexion. Comme des appareils que l'on débranche pour mieux les faire redémarrer, la plupart des êtres humains ont besoin de s'arrêter, de ralentir, de prendre du recul, de rêver, de divaguer, de vagabonder. Ces différentes formes de pauses ou de haltes bienheureuses sont autant de manifestations et de traductions de ce besoin de déconnecter. Le fait que ce besoin traverse les siècles est une des raisons pour lesquelles nous pouvons affirmer que le mouvement en faveur de la déconnexion est un mouvement d'avenir. Non seulement il correspond à une aspiration puissante de la société d'aujourd'hui (le nombre de gens cherchant chaque jour quelques moments de répit est là pour en témoigner), mais il exprime une aspiration de toujours (le désir d'authenticité).

Il reste à savoir comment être fidèle à ces idées quand tout, autour de nous, semble désormais happé par la folie numérique. Comment se déconnecter – ne fût-ce que quelques instants – à une époque qui ne cesse de célébrer les charmes enivrants de l'hyper-connexion ?

Rester soi-même

Comme en écho à Nietzsche, Paul Valéry écrivait en 1938 :

> *Il faudra bientôt construire des cloîtres rigoureusement isolés, où ni les ondes, ni les feuilles n'entreront ; dans lesquels l'ignorance de toute politique sera préservée et cultivée. On y méprisera la vitesse, le nombre, les effets de masse, de surprise, de contraste, de répétition, de nouveauté et de crédulité. C'est là qu'à certains jours on ira, à travers les grilles, considérer quelques spécimens d'*hommes libres[1].

Comme Nietzsche, Paul Valéry défend le principe d'espaces préservés de la vie moderne. Comme lui, dans une inspiration qui semble puiser aux mêmes sources, il conçoit ces lieux de déconnexion comme inaccessibles aux bruits, à la foule, à la vitesse. Ce qu'il y a de paradoxal, c'est qu'il suggère que c'est en s'enfermant entre quatre murs que l'on conservera sa liberté... Quelle étrange contradiction ! Serait-ce en fuyant dans un cloître que nous pourrons vraiment nous épanouir ? La solitude est-elle la seule option envisageable pour demeurer un *homme libre* ? Faut-il aujourd'hui se déconnecter de

1. Paul Valéry, *Regards sur le monde actuel et autres essais*, Gallimard, 1945.

façon radicale pour préserver son autonomie ? Mais comment, dans ces conditions, maintenir le principe même de « société » ? Si chacun « déconnecte » dans son coin, comment continuer à faire fonctionner la grande « machine » humaine ? Il y a sans doute d'autres moyens...

Ces dernières années, inspiré par des expériences vécues ou par l'observation, j'ai identifié quatre de ces moyens qui me paraissent constituer des parades efficaces pour se protéger de la pression que l'hyper-connexion fait aujourd'hui peser sur nos vies. Le premier consiste en une série de gestes de bonne conduite dont certains sont très simples à mettre en œuvre. Chacun sent bien que des questions de savoir-vivre sont en jeu dans les nouvelles pratiques technologiques. Adopter quelques principes de bon sens est déjà une façon d'apporter des réponses. Mais cela ne suffit pas. Le deuxième moyen réside dans notre capacité à prendre du recul. C'est aujourd'hui une faculté – ou un art – qu'il est urgent de remettre en pratique. Nous essaierons de comprendre ce qui est véritablement en jeu quand on cherche à prendre de la distance. À nouveau, un détour par l'Histoire nous aidera à y voir plus clair. On s'arrêtera, cette fois-ci, au XVIIe siècle, un siècle que l'idée de « retraite » a fasciné. Quant au troisième moyen, il émerge déjà dans certains pays : c'est la réintroduction d'une dimension « humaine » dans des relations qui ont trop tendance, par facilité, à se réduire à des échanges à distance via les médias électroniques. Nous gagnons énormément de temps en passant par les nouvelles technologies, mais nous perdons parfois en chemin tout ce qui fait le sel des relations humaines. Or de nombreux indices montrent que « l'humain » n'est pas remplaçable. Enfin, le quatrième et dernier moyen est sans doute le plus difficile à promouvoir, le moins « consensuel ». Peut-être aussi le plus original puisqu'il s'agit de défendre l'idée d'« être là sans y être » ou, traduit dans le contexte de cet essai : être connecté tout en restant déconnecté... C'est un état d'esprit plus qu'une pratique et, donc, à ce titre, il est moins susceptible de faire partie d'une liste de recettes prêtes à l'emploi. Il n'en demeure pas moins intéressant de comprendre à quelles conditions une telle attitude peut aujourd'hui être rendue possible.

Inventer de nouvelles règles de savoir-vivre

Ce que les technologies modernes, parmi d'autres choses, ont installé dans nos vies, ce sont de nouvelles habitudes. Certaines sont bruyantes, comme le fait de répondre à un appel dans les transports en commun ou de bavarder sans fin à haute voix dans un train à un moment où la majorité des passagers voudrait se reposer ; d'autres sont silencieuses, comme la consultation de son smartphone quand on est à table, en famille ou au restaurant. La liste est longue de ces nouveaux comportements qui traduisent un véritable *oubli de l'autre.* Dans ces moments-là, on ne se soucie plus d'autrui. On est dans son monde, aveugle à tout ce qui nous entoure. Pour bien des personnes qui en sont les témoins ou les victimes, la diffusion de ces nouveaux gestes traduit un déclin du savoir-vivre. Or le manque de civilité est aujourd'hui particulièrement mal ressenti dans la population. Ainsi, en 2009, une étude d'Ipsos montrait que pour 60 % des Français âgés de quinze ans et plus, le premier motif de stress dans la vie quotidienne résidait dans le *manque de savoir-vivre, l'agressivité des gens.* Les *problèmes d'argent* (49 %), la *foule dans les magasins* (46 %) ou les difficultés rencontrées dans les transports (43 %) venaient seulement après (voir tableau ci-dessous). L'écart entre la première et la deuxième cause citées est très important : onze points les séparent. Cet écart fait du « manque de savoir-vivre » un facteur majeur dans le climat de malaise qui prévaut aujourd'hui dans l'Hexagone. Notons au passage que la France n'est pas un cas isolé. Le manque de savoir-vivre était également cité comme la première cause de stress en Allemagne et en Grande-Bretagne, et la deuxième aux États-Unis[1].

Parmi les domaines suivants, veuillez indiquer ceux qui vous causent régulièrement des difficultés ou du stress dans votre vie personnelle	**En %**
Le manque de savoir-vivre, l'agressivité des gens	60
Vos problèmes d'argent, la gestion de votre argent	49
La foule dans les magasins ou les administrations (attendre longtemps aux caisses, aux guichets)	46
Les transports (embouteillages, non-respect du code de la route, foule dans les transports en commun...)	43
Les obligations administratives	39
Le bruit	38
Ne pas avoir le temps de faire ce qui vous plaît	35
Être pressé, courir après le temps	34

1. Ipsos, Observatoire du bien-être, 2009. Voir aussi : *« 2012, année plus humaine ? »*, www.ipsos.fr.

La pollution	32
Votre vie professionnelle (pression au travail, relations avec vos collègues...)	30
Être sollicité par des publicités sans intérêt pour vous (dans votre boîte aux lettres, dans la rue, à la télévision...)	30
Les mauvaises nouvelles dans le monde	30
Le manque de reconnaissance	24
Les questions que vous vous posez sur vous-même, sur la vie	23
L'insécurité dans la rue, dans votre quartier	23
Votre état de santé	20
L'ennui, le manque de projets, de passions	20
Votre apparence physique, votre look (habillement, coiffure, maquillage...)	15
Votre vie de famille (relations avec votre conjoint, vos enfants, vos parents...)	15
Votre vie amoureuse	15
Votre vie sexuelle	13
Votre entretien physique (sport, exercice...)	13

Tableau 3 – Observatoire du bien-être (Ipsos, 2009)

Les nouvelles technologies ne sont pas responsables de ce climat d'agressivité. Il n'empêche. Elles ajoutent à la tension qui règne dans les lieux publics en accréditant l'idée, aux yeux de certains, que chacun s'est replié sur lui-même, indifférent à ce qui l'entoure, oublieux des usages élémentaires de la vie en communauté. Comment lutter contre les « mauvaises manières » ? Comment réintroduire un peu de sens commun face à des comportements qui s'individualisent fortement ?

Une réponse possible consiste à promouvoir un certain nombre de gestes simples. C'est par exemple ce que la RATP a tenté de faire à Paris, en 2011, à travers sa campagne d'affichage en faveur de la civilité. Sur un ton humoristique, les différentes affiches s'efforçaient de sensibiliser le public aux valeurs de respect de l'autre. À propos de l'usage intempestif de son téléphone dans le métro, on pouvait lire des messages de ce style : *Quand elle est à 86 décibels, une confidence n'a plus rien de confidentiel.* L'image montrait un personnage à tête de coq chantant à tue-tête dans son téléphone sans tenir compte des autres passagers. L'invitation à la déconnexion était explicite. Le slogan récurrent de cette communication, *Restons civils sur toute la ligne*, pourrait évidemment servir à d'autres univers. La civilité, nous en avons besoin dans bien des situations de la vie courante. En période de crise ou de tension économique, le respect des autres permet de neutraliser ou, à tout le moins, d'atténuer les tensions ou les inquiétudes et, surtout, de montrer que nous faisons tous partie du même monde.

Il est temps d'instaurer un code de bonne conduite en matière d'usage des nouvelles technologies. Les exemples d'entreprises cités en introduction (Volkswagen, Crédit Suisse) montrent que certains acteurs du monde économique, secteur le plus concerné, ont pris conscience de ce besoin. En Suède, par exemple, beaucoup de réunions dans les entreprises se font désormais sans smartphone. Prière de les éteindre avant de prendre part aux échanges entre collègues. Ce code de bonne conduite garantit que chacun sera bien « présent » pendant la réunion. Combien de réunions, en effet, se contentent-elles aujourd'hui de n'être que des simulacres de réunions ? Pour autant, il est probablement vain, voire absurde, de tenter d'élaborer un code qui vaudrait pour *toutes* les entreprises. À chacune, selon le contexte, les habitudes déjà prises, la nature de son secteur et les contraintes de communication qui lui sont propres, d'énoncer ses propres principes. Mais il est indéniable qu'un certain nombre de gestes doivent être encouragés aujourd'hui, ne serait-ce que pour des questions d'efficacité économique, comme on l'a vu dans le premier chapitre.

Sherry Turkle, à la fin de son livre *Alone Together*, a proposé une liste non exhaustive de gestes possibles[1]. La plupart pourraient être décrits comme une façon d'inventer le savoir-vivre de l'ère connectée :

> Couper son téléphone lors d'un dîner,
>
> Ne pas utiliser son téléphone quand on est en compagnie d'autres personnes ou quand quelqu'un a besoin de notre attention (par exemple quand un enfant nous raconte sa journée),

1. Sherry Turkle, *op. cit.*, p. 296.

Ne pas téléphoner quand on est au volant de sa voiture,

S'appliquer à rester concentré quand on participe à une cérémonie officielle en s'interdisant de consulter son téléphone (lors d'un concert, un service funéraire, une conférence...),

Prendre le temps de parler à ses collègues de façon informelle, dans les couloirs (et non pas seulement par messages électroniques),

Organiser des journées ou des demi-journées sans emails.

Cette liste pourrait être étendue très largement. Le plus frappant, dans chacun de ces gestes, est qu'il traduit le bon sens même. C'est ce que l'on pense spontanément quand on en voit la liste écrite noir sur blanc sur la page. Cependant, dans la vie réelle, cette réaction est moins évidente. Dans la vie réelle, en effet, on oublie aisément le « bon sens » pour se livrer, fascinés, à la frénésie de l'hyper-sollicitation numérique. L'ivresse procurée par la toute-puissance de la technologie nous emporte souvent au-delà du monde qui nous entoure. C'est exactement le moment particulier que nous vivons aujourd'hui. Nous en sommes encore à la phase de *fascination*. La petite machine magique que nous transportons avec nous possède tellement de possibilités que nous avons du mal à la laisser tranquille. Nos facultés critiques sont émoussées. Et le savoir-vivre, au passage, est oublié...

Il ne s'agit évidemment pas de se convertir, en réaction, en critique irascible du monde moderne. Mais il y a urgence à retrouver l'équilibre qui nous fait parfois défaut. À la vérité, même si l'existence d'un code de bonne conduite, officiel ou officieux, peut nous aider dans la recherche de cet équilibre, ce dont nous avons surtout besoin, c'est de nous convaincre nous-même que la prise de distance est nécessaire. Plus précisément : nous avons besoin de nous convaincre nous-même que l'expérience du *vide* est nécessaire, sinon indispensable aujourd'hui.

Savoir prendre du recul : la leçon du XVIIe siècle

Au fond, cela peut apparaître comme une évidence, une solution tellement logique et si simple à appliquer qu'on ne voit pas l'intérêt de la souligner. Et pourtant, c'est un fait : il nous faut réapprendre à prendre de la distance. Avec les technologies, nous avons perdu, ou du moins négligé cette faculté. Préoccupés, voire angoissés à l'idée d'être balayés par le grand mouvement de mondialisation économique et culturel, nous avons sombré dans ce que le philosophe Peter Sloterdijk a appelé la *mobilisation infinie* : un monde envahi par la vitesse, où nous ne cessons de bouger dans un mouvement sans fin qui devient le but même de l'existence[1]. Nous ne nous fixons plus de limites. Nous agissons comme si la moindre occasion ratée était un rendez-vous manqué avec notre destin. C'est pourquoi nous sommes « mobilisés » du matin

1. Peter Sloterdijk, *La Mobilisation infinie. Vers une critique de la cinétique politique*, Christian Bourgois, 2000 (1989), réédition « Points », Seuil, 2003.

jusqu'au soir, répondant aux uns, écrivant aux autres, vérifiant nos messages à chaque instant, nous impatientant d'un délai de réaction toujours trop long à notre goût. Persuadés que, si nous ne nous adaptons pas, nous serons irrémédiablement balayés par le vent de la technologie, nous en rajoutons dans notre soumission aux possibilités que celle-ci autorise et, notamment, à celle qui consiste à être joignable à n'importe quel moment de la journée, la nuit comme le jour, et de n'importe où. Nous oublions que le plus grand risque, dans ce mouvement permanent, c'est de perdre le contact. Nous devons aujourd'hui nous délivrer de l'emprise du smartphone et de ses petits frères et sœurs.

Que veut dire *prendre de la distance* ? Prendre de la distance signifie être capable de faire le vide, d'accueillir le vide dans un monde « plein ». La technologie le remplit sans arrêt. Il faut être capable de le vider.

Pour bien comprendre cette notion de vide, nous pouvons à nouveau faire un détour par l'Histoire. Il y a des époques où, dans certaines couches de la société, on a éprouvé le même besoin de prendre de la distance qu'aujourd'hui. Un cas intéressant à étudier de ce point de vue est celui de la société mondaine du XVIIe siècle.

L'urgence contre l'éternité

Cela peut nous paraître très loin, mais déjà, à cette époque, ceux qu'on appelle les *hommes du monde* n'avaient pas une minute à eux. Ils couraient dans tous les sens. Voici ce que disait d'eux Bossuet dans son *Sermon du mauvais riche* (nous sommes alors en 1662 !) :

> *J'entends dire tous les jours aux hommes du monde qu'ils ne peuvent trouver de loisir : toutes les heures s'écoulent trop vite, toutes les journées finissent trop tôt ; et, dans ce mouvement éternel, la grande affaire du salut, qui est toujours celle qu'on remet, ne manque jamais de tomber tout entière au temps de la mort, avec tout ce qu'elle a de plus épineux*[1].

Cette brève description ne vous rappelle rien ? Comme aujourd'hui, les questions essentielles, déjà, sont remises aux calendes grecques. L'urgence est devenue plus importante que l'éternité. À la fin, ajoute Bossuet, *la mort nous trouve encore empressés dans une infinité de soins superflus.* C'est très précisément le *divertissement* analysé par Pascal : l'homme s'empresse de fuir la vérité ultime de sa condition et reporte sans arrêt le moment de méditer sur la signification de sa présence sur la terre. Ils courent. Ils apprécient *le bruit et le remuement*[2]. Et pourquoi ? Parce que le silence leur fait peur : il les oblige

1. Bossuet, *Sermons*, Garnier Flammarion, p. 57.
2. Pascal, fragment 168, in *Pascal*, Textes choisis et présentés par Philippe Sellier, Seuil, 2009, p. 122.

à penser à eux-mêmes, ce qu'ils redoutent au plus haut point. Ils ne sont pas les seuls. Même le premier d'entre eux multiplie les plaisirs pour fuir l'angoissante solitude : *Le roi est environné de gens qui ne pensent qu'à divertir le roi et à l'empêcher de penser à lui. Car il est malheureux, tout roi qu'il est, s'il y pense*[1]. Tant et si bien qu'à la fin, dans le royaume de France, le roi et ses sujets meurent sans avoir eu le temps de préparer leur salut…

Aujourd'hui, la précipitation a changé d'échelle. Pour la désigner, on parle de ses symptômes, on parle de « stress » et d'« accélération ». Ce qui ne concernait que la petite minorité des *hommes du monde* au XVIIe siècle concerne une grande partie de la population dans les sociétés contemporaines. Tout va trop vite, et l'essentiel du temps est sacrifié aux tâches pratiques et secondaires.

Faire une retraite spirituelle régulièrement

Les femmes et les hommes du XVIIe connaissaient le remède à cette vie mondaine gouvernée par l'urgence. Ce remède est le même que celui qu'il faudrait appliquer aujourd'hui : faire le vide dans sa vie à travers des périodes de retraite solitaire. Aujourd'hui, on désignerait sans doute cette pratique comme celle de « se déconnecter ». La correspondance de Mme de Sévigné, par exemple,

1. *Ibid.*, p. 123.

révèle une femme qui ponctue sa vie au milieu des mondains de courts séjours loin des hommes. Voici un extrait d'une lettre où elle raconte à sa fille son départ de la capitale :

> *Je suis partie de Paris avec l'Abbé, Hélène, Hébert et Marphise, dans le dessein de me retirer pour jusqu'à jeudi soir du monde et du bruit. Je prétends être en solitude. Je fais de ceci une petite Trappe ; je veux y prier Dieu, y faire mille réflexions. J'ai dessein d'y jeûner beaucoup par toutes sortes de raisons, marcher pour tout le temps que j'ai été dans ma chambre et, sur le tout, m'ennuyer pour l'amour de Dieu*[1].

Quand elle se retire, Mme de Sévigné reprend contact avec l'essentiel, c'est-à-dire avec Dieu. Elle prend le temps de s'occuper de son *salut*. Ces retraites qu'elle pratique régulièrement sont nécessaires à son équilibre. Elle a ainsi le sentiment de ne pas se laisser dépasser par le courant des choses mondaines et de continuer à maîtriser sa propre vie. Croyante et pieuse, elle ne veut pas négliger la religion et demeurer en ordre avec Dieu.

Le professeur Bernard Beugnot a analysé un grand nombre de textes célébrant ce type de retraite au XVIIe siècle. Voici ce qu'il conclut du corpus qu'il a consulté : *Au principe de la retraite et de la solitude se lit aisément la même attitude : la distance imposée ou conquise permet au moi défait, disloqué dans la succession de ses déguisements, de se*

1. Madame de Sévigné, *Lettres à Mme de Grignan*, 24 mars 1671, in *Lettres choisies*, Gallimard, 1988, « Folio », p. 42.

reconstruire[1]. La retraite est un remède au moi *disloqué.* En se retirant, on retire ses habits de scène. La retraite est une *mise à nu* qui redonne du sens à sa vie. Aujourd'hui, face au moi *saturé* par les flux d'informations[2], ce type de retraite temporaire pourrait constituer à son tour une solution. Grâce à lui, on reprendrait ses esprits et l'on y verrait plus clair. La retraite, c'est l'anti-spectacle. C'est la pratique d'une juste distance avec cet univers de la lumière qui nous dévore sans vergogne. C'est aussi la réponse à l'accélération que nous subissons tous, une parade à la vitesse. Bernard Beugnot l'écrit justement : la pratique de cette distance *fait défaut à notre temps.* Or *l'éloignement volontaire des sollicitations et des stimulations est la seule manière de maîtriser le flux héraclitéen du temps.* Pour lui, c'est la *leçon venue encore pour nous de ce lointain discours de la retraite : ne pas vivre le vide comme une absence ou une perte, mais comme la condition préalable d'accès à une plénitude*[3].

Nous en sommes précisément là. Le vide, lui aussi, gagnerait à être valorisé aujourd'hui. Non pas dans l'absolu, mais comme une étape nécessaire dans un monde livré aux flux d'information continuels. Pour qui sait être attentif, le

1. Bernard Beugnot, *Le Discours de la retraite au* XVII*e siècle*, PUF, 1996, p. 10.

2. Kenneth Gergen, *The Saturated Self. Dilemmas of Identity in Contemporary Life*, Basic Books, New York, 2000.

3. Bernard Beugnot, *op. cit.*, p. 14.

vide est en réalité un pont, un passage, ou une porte dérobée. C'est un chemin vers un meilleur contrôle de soi. Comment rester soi-même à l'ère de la connexion généralisée ? En maintenant ouverte la possibilité d'une échappée hors du monde bruissant des ordinateurs, fussent-ils « micro » ou même « de poche ».

Réintroduire la dimension humaine

Cela fait environ une décennie que nous vivons avec les fameux « réseaux sociaux », ces réseaux dont Facebook est devenu le symbole. Plusieurs centaines de millions d'individus s'y connectent chaque jour dans le monde. Il existe de nombreux signes montrant que nous sommes sortis de la phase « lyrique » de notre relation à ces réseaux pour entrer dans une relation plus « normalisée ». De l'enthousiasme fondateur, on est passé à une pratique régulière, plus maîtrisée. Leurs membres exercent de plus en plus de contrôle sur ce qu'ils acceptent de partager en ligne. Ils recourent plus fréquemment à un pseudonyme pour préserver leur anonymat. Ils concentrent leur attention sur un cercle moins étendu de contacts qu'au début... Bref, en se banalisant, les réseaux sociaux ont perdu un des traits les plus controversés à l'époque de leur émergence : la mise en scène éhontée de soi. Celle-ci n'a évidemment pas disparu, mais elle fascine moins et s'est faite plus discrète. Les études montrent que le principal motif de fréquentation de Facebook réside aujourd'hui dans le désir de maintenir des liens avec ses proches, notamment à travers l'échange et le partage de photos[1].

Surtout, avec le temps, un fait est clairement apparu : il est impossible de devenir « ami » avec le monde entier. Rappelez-vous. En 2004, lors de la création de Facebook, on disait : avec les réseaux sociaux, on va démultiplier son cercle d'amis. Il suffisait d'un clic de souris et vous deveniez instantanément l'« ami » d'une personne vivant à des milliers de kilomètres de chez vous... Le problème, avec tant de facilités, c'est qu'on a fini par avoir tellement d'amis qu'on s'est rapidement rendu compte qu'une vie entière ne suffirait pas à tous les rencontrer... L'anthropologue Robin Dunbar estime qu'il existe un nombre de personnes maximum au-delà duquel on ne peut plus maintenir une relation durable, même à distance, avec d'autres individus. S'appuyant sur des données historiques, il évalue à cent cinquante « amis » ce nombre maximal. Selon lui, cette limite est inhérente à la nature humaine et change peu à travers le temps. C'était vrai hier, nous dit-il, quand les hommes étaient encore des chasseurs, comme aujourd'hui sur Facebook, à l'ère de la connexion généralisée[2].

1. Ipsos MediaCT, Observatoire des internautes 2011. Voir aussi : « Facebook face à ses amis », *Marketing Magazine*, septembre 2010.

2. Robin Dunbar, *How Many Friends Does One Person Need*, Faber.

De fait, de nombreux usagers de Facebook se recentrent aujourd'hui sur leurs véritables amis. Même s'il est toujours difficile d'extrapoler, la tendance pourrait être résumée de la façon suivante : on veut moins d'amis, mais on souhaite plus de contacts physiques. Car, même si l'amitié peut se vivre à distance, la plupart des amis veulent se rencontrer dans la vie « réelle ». Une amitié se maintient grâce à ces moments de partage « humain ». Le virtuel peut beaucoup, mais pas tout. Une étude parue en 2012 aux États-Unis a conclu que la moitié des adolescents américains préféraient *passer du temps avec leurs amis dans le monde réel plutôt qu'en ligne*. Cette étude réalisée auprès des treize-dix-sept ans par Common Sense Media, un groupe de recherche de San Francisco, ne devrait étonner personne. Les adolescents d'aujourd'hui éprouvent en réalité les mêmes aspirations que ceux des générations précédentes. Ils souhaitent rencontrer des amis, partager des expériences et, surtout, passer des moments ensemble... Et le fait que leur environnement quotidien n'ait plus rien à voir avec celui de leurs parents ne change rien à l'affaire. Ce n'est pas parce que 90 % d'entre eux utilisent les réseaux sociaux et que la moitié s'y connecte chaque jour que leurs désirs de rencontre dans la vie réelle ont disparu. Cette enquête révélait également qu'un tiers des personnes interrogées reconnaissaient souhaiter, de temps en temps, *vivre dans un monde sans Facebook*... Une belle déclaration en faveur de la déconnexion ! L'intérêt de ce témoignage est que, pour une fois, on souligne l'importance de la *dimension physique* de la rencontre : voir la personne en vrai, être capable de la « toucher », passer du temps avec elle. Ces gestes évidents sont aujourd'hui redécouverts. La multiplication des liens virtuels n'a donc pas mis fin au désir de rencontre dans la vie réelle. On peut même faire l'hypothèse qu'elle l'a amplifié. D'autres signes vont en effet dans ce sens.

Le nouvel âge des réseaux

Depuis quelques années, notamment aux États-Unis, une tendance se confirme. De nombreux membres de communautés ou de groupements professionnels jusque-là habitués à travailler et à communiquer en ligne éprouvent le besoin de se rencontrer « en vrai ». C'est le phénomène des *Meet Up* (en anglais, le verbe *to meet up* signifie *faire connaissance*). De quoi s'agit-il ? Voici la définition qu'on peut en lire sur Wikipedia :

> Meet Up *se dit d'une soirée de réseautage social, centrée, pour les participants, sur un ou plusieurs centres d'intérêt communs. La rencontre découle d'une mise en relation électronique en amont, initiée depuis une communauté virtuelle.*

Par extension, *Meet Up* désigne un ensemble de réseaux qui fédèrent des communautés locales, désireuses de favoriser les rencontres dans des lieux physiques. Il existe des plateformes favorisant le *meet up* un peu partout, mais c'est aux États-Unis que la pratique semble aujourd'hui le plus avancée. L'objectif des *meet up* est de faire en sorte que des groupes qui communiquent habituellement de façon électronique puissent se rencontrer dans la vie réelle. Dans la mesure où ces communautés peuvent rassembler plusieurs centaines de gens éparpillés sur des territoires éloignés, le défi à relever consiste à trouver le bon endroit et le bon moment, et un lieu disposant des capacités pour accueillir de façon conviviale de nombreuses personnes. Le plus intéressant, dans ce phénomène, c'est ce qu'il nous révèle de l'évolution de nos habitudes électroniques. Après des années de participation à un réseau (réseau de photographes, de musiciens, de graphistes...), ses membres éprouvent le besoin de *voir* les personnes avec lesquelles ils échangent régulièrement. L'intensité de la relation électronique a créé des liens, un état d'esprit, un sentiment d'appartenance. Le désir de relation humaine physique a été, en quelque sorte, « stimulé » par l'interaction virtuelle. Désormais, on veut boire un verre avec celui qui n'était qu'un contact électronique. On veut partager des émotions concrètes. N'est-ce pas, en définitive, une façon de s'assurer de la réalité de sa propre vie ?

La révolution de la « vie réelle »

On entend de plus en plus parler du retour à la vie réelle. C'est un thème porteur qui donne naissance à d'intéressantes initiatives, notamment aux États-Unis. Parmi les exemples les plus marquants, on peut citer le cas de Grubwithus. Derrière ce nom (*grub with us* : « viens manger avec nous »), se cache une plateforme en ligne destinée à promouvoir des « dîners sociaux ». Ses créateurs, deux anciens salariés de grandes entreprises, ont souhaité trouver une solution à la solitude qu'eux-mêmes ont éprouvée quand ils ont déménagé dans une autre ville. Installés à Chicago, ils ont eu l'idée de mettre en relation des individus esseulés ou en manque de réseau afin de les réunir autour de repas conviviaux dans des restaurants. En se connectant au site de Grubwithus, on peut s'inscrire dans un des dîners organisés dans son voisinage. Moyennant une somme raisonnable, on passera une soirée en compagnie d'autres personnes tout aussi désireuses de faire des rencontres. Grubwithus favorise la socialisation en utilisant la connexion à internet comme point de départ. Mais le point d'arrivée est bien réel : un restaurant plutôt agréable, un groupe de personnes que l'on aborde avec toute la liberté que procure l'absence de liens préalables. Si le courant ne passe pas, on n'est pas obligé de s'engager.

Il n'y a pas de format. Pas d'agenda, pas de placement à table. Vous vous asseyez, vous vous installez là où vous êtes à l'aise. Le repas est servi dans un style familial. C'est un lubrifiant social. Les gens, au minimum, peuvent engager une conversation en demandant qu'on leur passe un plat, explique Amy Partridge, en charge de la communication de Grubwithus. Dans le film promotionnel de la start-up accessible sur internet, on voit une jeune femme entrant dans un restaurant de quartier et prenant place à une tablée où sont réunis des individus d'horizons très différents (entrepreneurs, végétariens, fans de mode, ingénieurs, adeptes du yoga...). À un moment donné, elle reçoit un message sur son téléphone, elle le regarde, tentée pendant quelques instants d'y répondre, puis déconnecte pour se consacrer totalement à son dîner. Le slogan final du film est une exhortation à s'engager dans le mouvement de déconnexion en train de naître : *Venez rejoindre la révolution de la vie réelle.*

L'exemple de Grubwithus est révélateur non seulement d'un besoin en train d'émerger (échanger avec des « vraies » gens dans la vie réelle), mais aussi d'une philosophie de la déconnexion qui commence à se faire entendre. On pourra critiquer la récupération commerciale qui en est faite. Elle est en tout cas le symptôme que la dimension « humaine » entendue ici comme le fait pour des personnes de maintenir des liens « physiques » entre elles est plus que jamais essentielle. La montée en puissance des communications électroniques engendre un besoin d'humain de plus en plus fort. En France, les mêmes personnes qui reconnaissent que les nouvelles technologies leur simplifient la vie regrettent que *les gens passent moins de temps ensemble.* Ils étaient 60 % à le penser en 2006. Ils sont 72 % en 2012[1]. Autrement dit, plus la présence des nouvelles technologies se banalise dans la vie quotidienne, et plus la conscience que quelque chose est perdu se renforce. Ce sentiment de perte alimente un désir de retrouver des liens plus humains. Celui-ci ira grandissant.

1. Ipsos, Observatoire des modes de vie et de consommation des Français, vague 2012.

Être là sans y être

La déconnexion, ce n'est pas seulement le geste de débrancher, celui de mettre à distance ou de renoncer à la technologie et au consumérisme. Ce n'est pas seulement la fuite loin des villes, le refus de l'agitation ou l'exil dans un lieu inaccessible. Ce n'est pas seulement le culte du silence ou de la méditation. La déconnexion est aussi un *état d'esprit.* La dernière façon de déconnecter que nous souhaiterions présenter ici repose justement sur cet état d'esprit. C'est sans doute la plus difficile à mettre en pratique.

Cet état d'esprit, on pourrait le résumer d'une formule : *être là sans y être.* L'expression est paradoxale. Est-il vraiment possible d'« être là » et en même temps de ne pas « être là » sans se payer de mots ? L'autre aspect paradoxal de cette expression est de suggérer que le remède ressemble étrangement au mal qu'il s'agit de soigner. « Être là sans y être » n'est-ce pas justement ce que l'on reproche à tous ceux qui, le dos voûté, indifférents à leur entourage, ne quittent pas des yeux une seule seconde l'écran de leur smartphone ? Ce que Sherry Turkle, dans son livre *Alone Together*, critique en y décelant une attitude typique des nouvelles générations « digitales » (*digital natives*). Celles-ci ne parviendraient plus, selon elle, à se concentrer en classe ou dans une réunion de travail. Elles ne seraient jamais avec nous, mais ailleurs. Ces nouveaux comportements conduisent à ce paradoxe qui est le titre de son livre : nous sommes « ensemble mais seuls ». Nous sommes physiquement là, chacun autour de la même table, mais nous ne sommes plus ensemble. Notre esprit s'est échappé et se promène loin de nous, communiquant avec d'autres gens, réfléchissant à d'autres questions, stimulés par les messages qui ne cessent d'apparaître sur nos petites machines. Les conséquences de ces nouvelles manières d'être ensemble, d'après la psychologue américaine, sont destructrices sur le long terme : le lien social se délite peu à peu et notre capacité d'empathie les uns envers les autres s'affaiblit dangereusement.

Cette attitude paradoxale avait pourtant été préconisée dans d'autres circonstances. Si l'on revient quelques instants au XVIIe siècle, on se rendra compte que plusieurs auteurs, et non des moindres, ont défendu l'idée d'*être là sans y être*. Chaque fois, cette recommandation avait à leurs yeux le même objectif noble et supérieur : faire en sorte de protéger le « cœur » des individus face à la dureté du monde et aux tentations qui les y menacent sans arrêt.

Garder son « cœur » à distance

Un auteur en particulier nous intéresse ici. C'est saint François de Sales, et son éloge appuyé de ce qu'il appelait la *divine solitude.* Dans son *Introduction à la vie dévote* (1608), il recommandait de s'isoler régulièrement afin de préserver la pureté de sa relation à Dieu et de se protéger des tentations mondaines. *Comme les oiseaux ont leurs nids sur les arbres pour faire leur retraite quand ils en ont besoin, et les cerfs ont leurs buissons et leurs forts dans lesquels ils se recèlent et mettent à couvert, prenant la fraîcheur de l'ombre en été*[1], les hommes aussi ont besoin d'un endroit où passer quelques moments dans la solitude de leur cœur. On retrouve ici un thème typique du XVIIe siècle dont nous avons déjà parlé, celui de la retraite. Si l'isolement dans un lieu est indiqué pour cette retraite spirituelle, celle-ci peut aussi se pratiquer intérieurement. En d'autres termes, ce n'est pas parce que l'on se trouve au milieu des autres qu'on doit renoncer à cette forme de « déconnexion ». Pour saint François de Sales, et c'est cela en particulier qui éveille notre attention dans ses écrits, il est possible de s'isoler au milieu des autres. Non seulement c'est possible, mais saint François de Sales encourage celui qui veut mener une vie pieuse à le faire plusieurs fois dans une journée :

1. Saint François de Sales, *Introduction à la vie dévote*, Seuil, 1962.

Faire toujours plusieurs retraites en la solitude de votre cœur pendant que corporellement vous êtes parmi les conversations et les affaires[1].

Être tout à la fois dans le monde *et* hors du monde. Quelle drôle de contradiction ! Pendant que l'on nous croit présent au milieu du monde, saint François de Sales nous conseille de maintenir une partie de nous-même hors de ce monde. De cette manière, souligne-t-il, nous pourrons rester en contact avec Dieu et les choses essentielles de la vie. Mais comment se retirer mentalement d'un aréopage de personnes traitant de certaines affaires avec nous ? Le secret de cette disposition repose sur la conviction qu'il y a toujours, en toutes choses humaines, des affaires moins sérieuses que d'autres. C'est quand on sent l'intérêt des conversations autour de nous fléchir qu'il faut en profiter pour se retirer intérieurement. Saint François de Sales est très clair là-dessus : [...] *les conversations ne sont pas ordinairement si sérieuses qu'on ne puisse de temps en temps en retirer le cœur pour le remettre en cette divine solitude*[2]. Au fond, ce que saint François de Sales conseille à celui qui est retenu dans une assemblée sans possibilité de s'échapper physiquement, c'est de saisir les moments opportuns pour se réfugier dans ce qu'il appelle le *cabinet intérieur*. Nous avons tous un *cabinet intérieur*. Il faut savoir s'y introduire

1. *Ibid.*, p. 85.
2. *Ibid.*

dès que les circonstances le permettent. L'auteur d'*Introduction à la vie dévote* le nomme aussi, citant sainte Catherine de Sienne, une *chambre dans le cœur*. « Cabinet » ou « chambre », c'est d'un refuge à l'intérieur de nous-même qu'il s'agit. Il faut imaginer, appliqué au monde contemporain, des individus prenant part à la grande machinerie oppressante et mondialisée en quoi consistent souvent la société et le monde du travail d'aujourd'hui, tout en descendant régulièrement dans leur « chambre », qui n'est autre que leur propre « cœur », avec lequel ils ne doivent pas perdre le contact. Ces formes de « micro déconnexions » pratiquées plusieurs fois par jour constitueraient une façon de tenir dans la tempête et, plus simplement, de ne jamais oublier le sens profond de notre action.

Avouons qu'il s'agit là d'une idée séduisante pour nous, les contemporains. Même si le contexte spirituel de l'Occident a radicalement changé en quatre siècles, gageons que cette notion de « retraite intérieure » nous apparaîtra de plus en plus comme un besoin à l'ère de la connexion généralisée. Pour saint François de Sales, ces retraites intérieures devaient permettre de ne jamais perdre le contact avec ce qu'il y avait de plus important dans la vie d'un individu de la France du XVIIe siècle, c'est-à-dire avec Dieu. Pour nous, les objectifs sont démultipliés, à l'image de notre société plurielle. Définie en termes généraux, il s'agit d'éviter cette *dislocation* qui nous menace quand nous sommes sollicités sans répit par l'actualité du monde et celle de nos réseaux personnels. La retraite intérieure serait une des méthodes les plus efficaces pour ne pas se laisser engloutir par le flot incessant des vanités de la vie contemporaine. Encore faut-il être capable de penser à son « cœur » tout en restant impliqué dans les affaires courantes...

La vie envisagée comme une comédie

D'autres auteurs, au XVIIe siècle, sont allés encore plus loin, en radicalisant la position de saint François de Sales. C'est par exemple le cas du chevalier de Méré, qui exhortait ses lecteurs à ne jamais prendre le monde au sérieux. Selon lui, notre cœur est trop fragile pour être exposé *tel quel*. Pour se protéger au maximum des bruits du monde, il faut éviter de s'engager trop avant et ne pas prendre les choses trop à cœur. D'où sa recommandation d'envisager la vie comme une comédie :

> *Je suis persuadé qu'en beaucoup d'occasions, il n'est pas inutile de regarder ce qu'on fait comme une comédie, et de s'imaginer qu'on joue un personnage de théâtre. Cette pensée empêche d'avoir rien trop à cœur*[1].

Bien sûr, cette version de la dualité est plus extrême que celle de saint François de Sales. Car il ne s'agit pas seulement de s'octroyer des moments

1. Méré, *De la conversation*, cité par Bernard Beugnot, *op. cit.*

de « retraite » intérieure tout en participant aux affaires du monde, mais d'envisager le monde comme une sorte de fantaisie, une fiction. Quelle logique préside aux recommandations du chevalier ? Elle est limpide. En effet, à partir du moment où rien n'est vrai (le monde est un jeu), il apparaît inutile de dramatiser. Le monde ne doit pas être pris au sérieux. De cette manière, on se protège, il ne peut rien nous arriver de grave. Pour le chevalier de Méré, seul l'état de notre cœur compte vraiment. Si nous le tenons à l'abri, nous demeurons dans l'authenticité et nous oublions la comédie du vaste monde. Cette attitude, on peut le supposer, comporte un danger : celui de perdre le sens des réalités. Tout le monde voit bien qu'à force de considérer sa propre vie comme une comédie le risque est grand que tout se transforme en illusion et que l'on ne sache plus sur quel pied danser...

Ce qu'il y a d'intéressant, dans ces deux façons de concevoir la vie authentique, c'est que chaque fois y est préconisée une dose de « déconnexion ». Quoi qu'il arrive, le monde doit être maintenu à distance. Il faut soit se préserver des moments à soi à l'instant même où l'on est dans le monde, soit se déconnecter du monde en ne voyant dans ce dernier qu'une amusante comédie. Dans les deux cas, le but recherché est le même : ne pas se laisser happer par le tourbillon des vanités humaines et conserver ce qui est, selon ces deux auteurs, le bien le plus précieux : notre vie intérieure.

Grandeur et servitude de l'ironie comme moyen de déconnecter

Une façon d'être fidèle à cet état d'esprit consiste à pratiquer l'ironie – ensemble d'attitudes à travers lesquelles ce que l'on affiche extérieurement ne reflète pas ce que l'on pense intérieurement. Pierre Fontanier, au XIXe siècle, l'avait définie en ces termes : *L'ironie consiste à dire par une raillerie, ou plaisante, ou sérieuse, le contraire de ce qu'on pense, ou de ce qu'on veut faire penser*[1]. Quand vous êtes ironique, vous n'êtes pas vraiment dans ce que vous affirmez. C'est ce qui nous agace en général chez ceux qui pratiquent trop souvent l'ironie : on ne sait jamais ce qu'ils pensent vraiment. De ce point de vue, l'ironie fait office de masque. Elle dissimule autant qu'elle protège. L'ironie a un avantage : elle ne coûte rien. C'est une attitude commode quand on ne veut pas s'afficher. C'est surtout une méthode qui a fait ses preuves.

Ainsi l'historien allemand Joachim Fest a-t-il rappelé récemment dans ses mémoires le rôle que celle-ci avait joué durant sa jeunesse sous le nazisme. L'ironie est chez lui une affaire de famille. Son père lui recommandait de pratiquer l'ironie pour rendre la vie plus supportable. Le conseil paternel est toujours valable aujourd'hui :

1. Pierre Fontanier, *Les Figures du discours*, « Champs », Flammarion, 2009, p. 145.

Surtout, n'oubliez jamais l'ironie, elle fait partie de notre billet d'entrée au cirque de l'humanité. Extérieurement, on présente avec son billet le visage grave qu'exige la situation, mais intérieurement, on en détache le souci comme une contremarque.

L'ironie, écrit Joachim Fest, est un *don qui permettait de supporter à peu près tout dans la vie, même le souffle glacé de la bureaucratie prussienne*[1]. L'ironie est une forme de fuite, qu'il faut penser dans sa dualité. D'un côté, on fait semblant, on joue le jeu : on s'adapte aux circonstances ; de l'autre, on cultive le détachement salutaire, qui préserve l'intégrité de l'individu. L'honneur est sauf. L'équilibre psychologique et, osons le dire, le bonheur sont à ce prix. Le père de Joachim Fest, catholique, prussien et républicain, avait conscience que les convictions ne sont pas tout. Il faut se réserver une sorte de jardin secret et le protéger précautionneusement à l'aide de l'ironie. Cette façon de se prémunir du monde extérieur rappelle les vertus du *cabinet intérieur* de saint François de Sales.

Mais l'individu qui abuse de l'ironie peut succomber aux mêmes pièges que celui qui, sous les conseils du chevalier de Méré, n'envisagerait le monde que comme une vaste blague. En effet, s'il pratique l'ironie trop souvent, il s'habitue presque malgré lui à concevoir tout ce qui

1. Joachim Fest, *Pas moi ! Souvenirs d'une jeunesse allemande antinazie*, Perrin, 2006, p. 28.

l'entoure comme une illusion ou un théâtre. Le risque est réel de se couper du monde. L'ironiste fait alors penser au nageur qui s'est éloigné loin du rivage et comprend trop tard que son corps ne possède plus suffisamment de ressources physiques pour revenir.

Un art subtil et paradoxal

Garder suffisamment de lucidité pour ne pas s'exiler sur une île inaccessible aux autres : tel est le défi posé à celui qui tente d'être là sans y être. Être connecté tout en se déconnectant de temps en temps. On dira : il s'agit d'un subtil et dangereux exercice d'équilibriste. Les plus pessimistes anticiperont l'échec d'une telle stratégie. Mais, c'est ma conviction, au moins à titre d'inspiration, cet état d'esprit peut nous aider à nous protéger contre la société de l'hyper-connexion.

À l'évidence, notre époque n'est pas avare en paradoxes. Comme le prospectiviste Alvin Toffler l'avait déjà remarqué, cette particularité est le propre des époques de transition. Nous vivons au cœur de la grande transformation numérique du monde. Nous en subissons les effets positifs et négatifs. Aux évolutions contradictoires que nous observons, nous devons parfois répondre aussi par des attitudes ou des comportements contradictoires. Être connecté tout en étant déconnecté en fait partie.

Il nous incombe parfois, pour être plus humain, d'être capable d'être là sans y être. Ce faisant, on protège ce que l'on a de plus précieux, notre cohérence intérieure, comme on le ferait d'un feu qu'il faut entretenir régulièrement. C'est ce qui fait de nous des individus authentiques. C'est ce qui nous permet de créer des liens profonds et uniques avec nos amis, nos collègues, nos camarades. De ce point de vue, on en conviendra, le jeu en vaut bien la chandelle.

N'oublie pas de vivre

N'oublie pas de vivre, écrivait Goethe au XVIIIe siècle, répétant ainsi, comme l'a montré Pierre Hadot, une des injonctions les plus célèbres de la philosophie antique[1]. N'oublie pas de vivre, c'est-à-dire : n'oublie pas de t'étonner, d'explorer, de découvrir ou de lever les yeux vers le ciel… Ces passants penchés sur leurs machines que nous croisons dans la rue ne regardent plus le ciel. Auraient-ils oublié de vivre ?

Le temps est venu de redevenir présents au monde et de mettre un terme à l'une des contradictions les plus flagrantes de notre époque : plus nous avons de moyens mis à notre disposition pour communiquer, plus nous « communiquons » en effet, et, fait étrange, moins nous prêtons attention à nos proches et au monde qui nous entoure.

N'oublie pas de vivre. C'est ce que nous devrions chuchoter à l'oreille de celui ou de celle qui ne nous voient plus, oublieux des êtres qui vivent à leurs côtés.

1. Pierre Hadot, *N'oublie pas de vivre. Goethe et la tradition des exercices spirituels*, Albin Michel, 2008.

La déconnexion n'est rien d'autre qu'un essai pour vivre mieux. Un moyen ou une méthode pour réapprendre à lever les yeux vers le ciel. C'est pour quoi le charme qu'elle exerce sur nous est éternel.

D'ailleurs, nos contemporains sont de plus en plus nombreux à prendre conscience de sa nécessité. Les habitants d'un monde dominé par les applications technologiques auront toujours besoin de maintenir un contact avec la « vie vivante ». Le prouvent de nombreuses enquêtes d'opinion. Nul doute que ce besoin restera demain tout aussi impérieux qu'il l'a été au cours des siècles.

La déconnexion fait partie de cet arsenal disponible à ceux qui souhaitent améliorer le bien-être des sociétés contemporaines. Elle s'inscrit dans une recherche plus large de qualité de vie que l'on retrouve dans un grand nombre de domaines : environnement, culture, consommation, mobilité, urbanisme... À ce titre, la déconnexion est un mouvement d'avenir. Elle dépasse le contexte d'accélération technologique qui la remet aujourd'hui au centre de l'actualité. Partout où les hommes seront en quête d'un mode de vie authentique, ils seront sensibles à ce besoin de prendre de la distance pour mieux se connaître. L'attention à soi est le meilleur chemin vers autrui, de même que la déconnexion est le meilleur chemin vers une véritable connexion aux autres. Se déconnecter de temps en temps, c'est se donner les moyens de vivre pleinement et d'être fidèle à la maxime de Goethe. Et si se déconnecter, c'était justement cela : ne pas oublier de vivre ?

TABLE

ACHEVÉ D'IMPRIMER
EN FÉVRIER 2013
SUR LES PRESSES DE
CORLET IMPRIMEUR
À CONDÉ-SUR-NOIREAU
C A L V A D O S

Numéro d'édition : 1020
Numéro d'impression : 153303
Dépôt légal : mars 2013
Imprimé en France